JN415886

시뮬레이션
비즈니스
중국어

模拟商务汉语

장린자 지음

시뮬레이션 비즈니스 중국어

HU:iNE

머리말

본 교재는 비즈니스와 문화콘텐츠를 중심으로 구성되었습니다. 1500자~2000자 이상의 중국어 어휘와 중고급 어법을 익힌 중고급중국어학습자에게 최적화된 교재입니다. 교재내용은 BCT 시험 난이도를 기준으로 하여 작성이 되었습니다. 실제 비즈니스 상황을 설정으로 한 본 교재를 통하여 고급중국어능력을 향상시킬 수 있도록 설계하였으며 회화 및 작문 연습을 위주로 합니다.

비즈니스와 관련된 용어를 실제 상황에서 구사할 수 있도록 설계되었습니다. 본 교재는 본문듣기, 본문확인, 본문해석, 작문연습으로 나누어지며, 본문 내용은 비즈니스 속의 다양한 주제로 구성됩니다. BCT 난이도를 기준으로 하여 비즈니스 속에서 일어나는 다양한 실제상황과 실용적인 주제로 중국어 연습을 하도록 내용을 구성되었습니다.

중국어 BCT시험에 나오는 내용을 통하여 본 교재를 학습한 후 중국 비즈니스 전문가가 될 수 있습니다. 또한, BCT시험에 도전해볼 수 있습니다. 마지막으로 학습자 여러분들의 순조로운 중국어 학습과 성공적인 중국 시장 진출을 바랍니다.

張玲嘉

목차

1주차

问候介绍

안부 인사

模拟商务汉语

[4-1]

初次见面

처음 뵙겠습니다

다음 본문을 잘 듣고 다음 질문에 답하세요.

下面哪个说明是对的?

다음 중 본문 내용과 일치하는 것은?

① 黄经理第一天上班

황 매니저는 첫 출근을 했다.

② 王非第一天上班

왕비는 첫 출근을 했다.

③ 王非是女的

왕비는 여자다.

단어 익히기

- 员工(yuángōng)
  (명) 직원
- 关照(guānzhào)
  (동) 돌보다, 보살피다
- 简历(jiǎnlì)
  (명) 이력서
- 应届毕业生(yīngjiè biyèshēng)
  (명) 올해 졸업생
- 吃苦(chīkǔ)
  (동) 고생하다
- 失望(shīwàng)
  (동) 실망하다

정답 ②

본문 확인하기

男：黄经理您好，我是新来的**员工**叫王非，

Huáng jīnglǐ nín hǎo, wǒ shì xīn lái de yuángōng jiào Wángfēi,

今天第一天上班，

jīntiān dìyī tiān shàngbān,

请多多**关照**。

qǐng duō duō guānzhào.

女：我看过你的**简历**，你的成绩很优秀。

Wǒ kànguo nǐde jiǎnlì, nǐde chéngjì hěn yōuxiù.

对了，你是**应届毕业生**对吧？

Duì le, nǐ shì yīngjiè bì yèshēng duì ba?

男：是的，虽然还没有工作**经验**，但我不怕吃苦，

Shì de, suīrán hái méiyǒu gōngzuò jīngyàn, dàn wǒ búpà chīkǔ,

我会好好儿努力的！

wǒ huì hǎohāor nǔlì de !

女：我相信你不会让我**失望**的，

Wǒ xiāngxìn nǐ búhuì ràngwǒ shīwàng de,

待会儿记得向同事们自我介绍一下。

dāihuǐr jìde xiàng tóngshì men zìwǒ jièshào yixià.

본문 해석하기

男：黄经理您好，我是新来的员工叫王非，
今天第一天上班，请多多关照。

황 매니저님, 안녕하세요. 저는 신입 사원인 왕비라고 합니다. 오늘 첫 출근을 했습니다. 앞으로 잘 부탁드립니다.

女：我看过你的简历，你的成绩很优秀。
对了，你是应届毕业生对吧？

당신의 이력서를 봤습니다. 성적이 아주 우수하더군요. 아 참, 올해 졸업생이 맞지요?

男：是的，虽然还没有工作经验，
但我不怕吃苦，我会好好儿努力的！

네, 비록 아직 업무 경험은 많이 부족하지만, 고생할 각오가 되어 있습니다. 앞으로 열심히 노력하겠습니다!

女：我相信你不会让我失望的，
待会儿记得向同事们自我介绍一下。

실망시키지 않으리라 믿어요. 잠시 후에 동료들에게도 자기 소개하는 것 잊지 말아요.

작문 연습하기

你第一次和你的领导见面，你会说些什么呢？

당신의 상사와 처음 만나게 되었을 때, 당신은 무슨 말을 하겠습니까?

[4-2]

自我介绍

자기소개

다음 본문을 잘 듣고 다음 질문에 답하세요.

课文的主题是什么?

본문의 주제로 다음 중 알맞은 것은?

① 介绍朋友
친구를 소개하다

② 自我介绍
자기소개를 하다

③ 介绍同事
동료를 소개하다

단어 익히기

- 毕业(bìyè)
(동) 졸업하다
- 国际经济与贸易系(guójì jīngjì yǔ màoyì xì)
(명) 국제경제무역학과
- 荣幸(róngxìng)
(형) 영광스럽다
- 方面(fāngmiàn)
(명) 분야
- 学习(xuéxí)
(동) 학습하다
- 指教(zhǐjiào)
(동) 가르침을 주다

정답 ②

본문 확인하기

大家好，我叫王非，

Dàjiā hǎo, wǒ jiào Wángfēi,

毕业于北京大学**国际经济与贸易系**，

bìyè yú Běijīng dàxué guójì jīngjì yǔ màoyì xì,

很高兴也很**荣幸**能加入这个大家庭，

hěn gāoxìng yě hěn róngxìng néng jiārù zhège dà jiātíng,

我还有很多**方面**要向大家**学习**，

wǒ háiyǒu hěnduō fāngmiàn yào xiàng dàjiā xuéxí,

希望大家能多多**指教**，谢谢！

xīwàng dàjiā néng duō duō zhǐjiāo, xièxie!

본문 해석하기

大家好，我叫王非，毕业于北京大学国际经济与贸易系，很高兴也很荣幸能加入这个大家庭，我还有很多方面要向大家学习，希望大家能多多指教，谢谢！

여러분, 안녕하세요. 저는 왕비라고 하며, 북경 대학교에서 국제경제무역학과를 졸업했습니다. 이렇게 여러분과 한 가족이 되어 영광입니다. 아직 여러 분야에서 부족한 점이 많습니다. 많은 가르침 부탁드립니다. 감사합니다.

작문 연습하기

你第一次向同事自我介绍，你会怎么说呢？

당신은 동료들에게 처음으로 자기소개를 할 때 어떤 말을 하고 싶습니까?

[4-3]

商品介绍

상품 안내

다음 본문을 잘 듣고 다음 질문에 답하세요.

这个网页的主要内容是？

다음 중 웹페이지의 주요 내용으로 알맞은 것은?

① 售后服务
애프터서비스

② 用户调查
사용자 조회

③ 商品介绍
상품 안내

단어 익히기

- 彩色喷墨(cǎisè pēnmò)
(형) 컬러잉크젯
- 打印机(dǎyìnjī)
(명) 프린터
- 复印(fùyìn)
(동) 복사하다
- 购物车(gòuwùchē)
(명) 쇼핑카트
- 扫描(sǎomiáo)
(동) 스캐닝하다
- 包邮(bāoyóu)
(형) 무료 배송

정답 ③

본문 확인하기

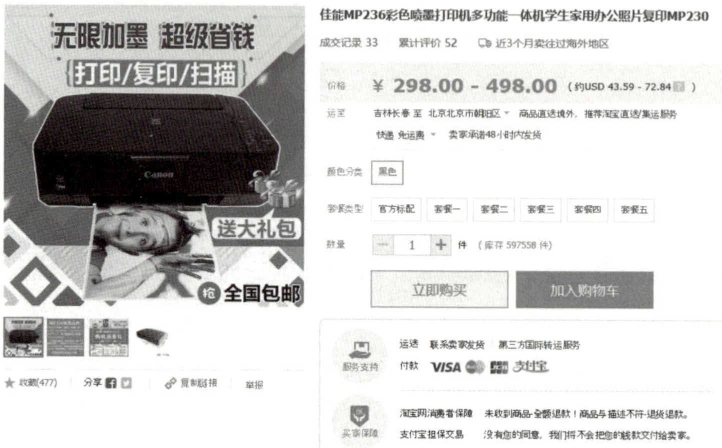

佳能MP236**彩色喷墨打印机**多功能一体机学生家用办公照片**复印**MP230

Jiānéng MP236 cǎisè pēnmò dǎyìnjī duō gōngnéng yìtǐ jī xuésheng jiāyòng bàngōng zhàopiàn fùyìn MP230

成交记录33 累计评价52

chéngjiāo jìlù 33 lěijì píngjià 52

近三个月卖往过海外地区

jìn sān ge yuè mài wǎng guò hǎiwài dìqū

价格¥ 298.00 - 498.00

jiàgé ¥ 298.00 - 498.00

运至 吉林长春至北京市朝阳区

yùnzhì Jílín Chángchūn zhì Běijīng shì Cháoyáng qū

商品直送境外，推荐淘宝直送/集运服务

shāngpǐn zhísòng jìngwài, tuījiàn Táobǎo zhísòng /jíyùn fúwù

快递 免运费

kuàidì miǎn yùnfèi

卖家承诺48小时内发货

màijiā chéngnuò 48 xiǎoshí nèi fāhuò

颜色分类 黑色

yánsè fènlèi hēisè

套餐类型 官方标配 套餐1 套餐2 套餐 3 套餐 4 套餐 5

tàocān lèixíng guānfāng biāopèi tào cān 1 tàocān 2 tàocān 3 tàocān 4 tàocān 5

数量 1件（库存597558件）

shùliàng 1jiàn (kùcún 597558 jiàn)

立即购买 加入**购物车**

lìjí gòumǎi jiārù gòuwùchē

服务支持 运送

fúwù zhīchí yùnsòng

联系卖家发货

liánxì màijiā fāhuò

第三方国际转运服务

dì sān fāng guójì zhuǎnyùn fúwù

付款

fùkuǎn

买家保障 淘宝网消费者保障

mǎijiā bǎozhàng Táobǎo wǎng xiāofèizhě bǎozhàng

未收到商品-全额退款！

wèi shōudào shāngpǐn –quán'é tuìkuǎn!

商品与描述不符-退货退款

shāngpǐn yǔ miáoshù bùfú -tuìhuò tuìkuǎn

无限加墨　超级省钱

wúxiàn jiā mò　chāojí shěngqián

打印/复印/**扫描**

dǎyìn /fùyìn /sǎomiáo

送大礼包

sòng dàlǐbāo

全国**包邮**

quánguó bāoyóu

본문 해석하기

佳能MP236彩色喷墨打印机多功能一体机学生家用办公照片复印MP230

成交记录14　累计评价49　近三个月卖往过海外地区

价格¥ 298.00 - 498.00
运至 吉林长春至北京市朝阳区
商品直送境外，推荐淘宝直送/集运服务

快递 免运费 卖家承诺48小时内发货

颜色分类 黑色

套餐类型 官方标配　套餐1 套餐2 套餐 3 套餐 4 套餐 5

数量 1件（库存597582件）
立即购买 加入购物车

服务支持　运送
联系卖家发货
第三方国际转运服务
付款
买家保障 淘宝网消费者保障 未收到商品-全额退款！商品与描述不符-退货退款
无限加墨 超级省钱
打印/复印/扫描
送大礼包
全国包邮

캐논 (Cannon) MP236 컬러잉크젯만능복합기 학생 가정 및 사무용 사진 복사 MP230

구매기록14　상품평개수49　최근 3개월간 해외에서의 구매지역

가격¥ 298.00 - 498.00
운송 : 길림성 장춘시에서 북경시 차오양구로
해외직구시 타오바오 배송/화물서비스 추천

특급우편 배송비 무료 판매자 확인 후 48시간 내 발송

색상분류 검은색

세트 유형　기본세트 세트1 세트2 세트3 세트 4 세트5

수량 1개 (현재 수량 597582개)
즉시 구매 장바구니에 넣기

제공하는 서비스 운송
판매자에게 배송 여부 확인 서드파티국제운송서비스
지불
구매환경　타오바오 소비자 보증 미수취상품-전액환불! 상품과 상품 소개 불일치 시-교환 및 환불
무한잉크 초 절약 특가
인쇄/복사/스캔
사은품 증정
전국무료배송

작문 연습하기

如果你要卖一个商品，你要怎么简单地用一句话介绍这个商品呢？

만약 당신이 짧은 한 문장만으로 상품을 판매해야 한다고 가정한다면, 당신은 상품을 어떻게 소개하고 싶습니까?

[4-4]

公司简介

회사 소개

다음 본문을 잘 듣고 다음 질문에 답하세요.

下面哪个说明是对的？

다음 중 본문의 내용과 일치하는 것은?

① 百达是快递公司

픽테트는 택배회사이다.

② 百达是广告公司

픽테트는 광고회사이다.

③ 百达是航空公司

픽테트는 항공회사이다.

단어 익히기

- 销售(xiāoshòu)
  (명) 판매, 매출
- 附件(fùjiàn)
  (명) 첨부파일
- 民营(mínyíng)
  (형) 민영의
- 快递(kuàidì)
  (명) 특급우편
- 优势(yōushì)
  (명) 우세
- 优质(yōuzhì)
  (형) 양질의

정답 ①

본문 확인하기

王经理：

Wáng jīnglǐ ：

您好！

Nín hǎo!

我是百达有限公司的**销售**经理张琪，

Wǒ shì Bǎidá yǒuxiàn gōngsī de xiāoshòu jīnglǐ Zhāng qí,

昨天和您见过面，

zuótiān hé nín jiàn guò miàn,

现在我把我们公司的相关文件发给您

xiànzài wǒ bǎ wǒmen gōngsī de xiāngguān wénjiàn fā gěi nín

（请见**附件**）。

(qǐng jiàn fùjiàn).

百达是一家大型**民营快递**公司，

Bǎidá shì yì jiā dàxíng mínyíng kuàidì gōngsī,

我们的**优势**是为客户提供一日可达的快速**优质**服务。

wǒmen de yōushì shì wèi kèhù tígōng yírì kědá de kuàisù yōuzhì fúwù.

如果贵公司有任何需要，

Rúguǒ guì gōngsī yǒu rènhé xūyào,

请随时与我们联系，谢谢！

qǐng suíshí yǔ wǒmen liánxì, xièxie!

顺颂商祺

shùnsòng shāngqí

본문 해석하기

王经理：
　　您好！
　　我是百达有限公司的销售经理张琪，昨天和您见过面，现在我把我们公司的相关文件发给您（请见附件）。
　　百达是一家大型民营快递公司，我们的优势是为客户提供一日可达的快速优质服务。如果贵公司有任何需要，请随时与我们联系，谢谢！
　　顺颂
　　商祺

왕 매니저님께
　안녕하세요!
　저는 픽테트유한회사의 판매 매니저 장기입니다. 어제 매니저님을 만나 뵙고, 저희 회사 관련 자료를 보내드립니다. (첨부파일을 참고해주시기 바랍니다.)
　저희 픽테트는 대형 민영 택배회사로, 고객님께 당일 배송 서비스를 제공하는 장점이 있습니다. 귀사가 관심이 있으시다면, 언제든지 연락주시기 바랍니다. 감사합니다!
　앞으로도 더욱 번창하시기를 바랍니다.

작문 연습하기

你要给别人介绍你的公司，请写出你公司的优势。

당신 회사의 우수성을 소개하는 글을 써보십시오.

2주차

求职找工作

구직하기

模拟商务汉语

[4-1]

招聘广告

채용 광고

다음 본문을 잘 듣고 다음 질문에 답하세요.

下面哪个说明是对的？

다음 중 본문 내용과 일치하는 것은?

① 这是(学校)招生广告

이것은 입학생 모집 광고이다.

② 这是招聘广告

이것은 구직 광고이다.

③ 这是租房广告

이것은 임대 광고이다.

단어 익히기

- 贸易(màoyì)
  (명) 무역. 교역
- 招聘职位(zhāopìn zhíwèi)
  (명) 채용 직위
- 业务专员(yèwù zhuānyuán)
  (명) 업무 책임자
- 大专(dàzhuān)
  (명) 대학과 전문 대학
- 销售(xiāoshòu)
  (동) 판매하다
- 户口(hùkǒu)
  (명) 호적

정답 ②

본문 확인하기

广达国际贸易有限公司

Guǎngdá guójì màoyì yǒuxiàn gōngsī

招聘职位：外贸业务专员

zhāopìn zhíwèi ：wàimào yèwù zhuānyuán

工作城市：上海

gōngzuò chéngshì ：Shànghǎi

要求：大专以上学历；28-40岁之间；

yāoqiú ：dàzhuān yǐshàng xuélì ；28-40 suì zhījiān ；

至少有两年以上工作经验；有销售经验者优先；

zhìshǎo yǒu liǎng nián yǐshàng gōngzuò jīngyàn ；yǒu xiāoshòu jīngyàn zhě yōuxiān ；

善于和他人沟通，积极进取，

shànyú hé tārén gōutōng, jījí jìnqǔ,

能接受挑战；户口不限。

néng jiēshòu tiǎozhàn ；hùkǒu búxiàn.

본문 해석하기

广达国际贸易有限公司
招聘职位：外贸业务专员
工作城市：上海
要求：大专以上学历；28-40岁之间；至少有两年以上工作经验；有销售经验者优先；善于和他人沟通，积极进取，能接受挑战；户口不限。

광다국제무역유한회사
채용 직위: 대외 무역 업무 책임자
근무 지역: 상해
유의사항: 대학 혹은 전문대학 이상의 학력; 28-40세; 최소 2년 이상의 경력; 판매 경력자 우대; 타인과의 소통에 능하고 진취적이며 도전을 두려워하지 않는 자; 호적에 따른 제한 없음.

작문 연습하기

你认为什么样特质的人受老板欢迎呢？

당신은 어떠한 인재가 회사로부터 환영받을 것이라 생각하는가?

[4-2]

简历

이력서

다음 본문을 잘 듣고 다음 질문에 답하세요.

下面哪一个说明是对的？

다음 중 본문 내용과 일치하는 것은?

① 这是简历

이것은 이력서이다.

② 这是收据

이것은 영수증이다.

③ 这是入学申请表

이것은 입학신청서이다.

단어 익히기

- 学历(xuéli)
  (명) 학력
- 求职意向(qiúzhí yìxiàng)
  (명) 구직 의향
- 证书(zhèngshū)
  (명) 증서, 증명서
- 描述(miáoshù)
  (동) 묘사하다, 서술하다
- 技能(jìnéng)
  (명) 기능, 솜씨
- 自我评价(zìwǒ píngjià)
  (명) 자기 평가

정답 ①

본문 확인하기

个人简历 gèrén jiǎnlì						
姓　名 xìngmíng		性　别 xìngbié		出生日期 chūshēng rìqī		
婚姻状况 hūnyīn zhuàngkuàng		最高学历 zuìgāo xuélì		毕业院校 bìyè yuànxiào		
手　机 shǒujī			电子邮箱 diànzǐ yóuxiāng			
地址 dìzhǐ						
求职意向 qiúzhí yìxiàng						

教育/培训经历 jiàoyù/péixùn jīnglì			
时间 shíjiān	学校/培训地 xuéxiào/péixùndì	专业/课程 zhuānyè/kèchéng	学历/证书 xuélì/zhèngshū

工作经验 gōngzuò jīngyàn		
时间 shíjiān	公司名称 gōngsī míngchēng	职位及简单描述 zhíwèi jí jiǎndān miáoshù

技能专长 jìnéng zhuāncháng	专长 zhuāncháng	
	爱好 àihào	
自我评价 zìwǒ píngjià		

본문 해석하기

个人简历 이력서						
xìngmíng 姓　名 성　명		xìngbié 性　别 성　별		chūshēng rìqī 出生日期 생년월일		
hūnyīn zhuàngkuàng 婚姻状况 혼인여부		zuìgāo xuélì 最高学历 최종학력		bìyè yuànxiào 毕业院校 출신학교		
shǒujī 手　机 휴 대 폰			diǎnzǐ yóuxiāng 电子邮箱 이메일			
dìzhǐ 地址 현주소						
qiúzhí yìxiàng 求职意向 구직의향						

教育/培训经历 교육/훈련경력사항			
shíjiān 时间 기간	xuéxiào/péixùndì 学校/培训地 학교/훈련소	zhuānyè/kèchéng 专业/课程 전공/교육과정	xuélì/zhèngshū 学历/证书 학력/증명서

工作经验 근무경력사항		
shíjiān 时间 기간	gōngsī míngchēng 公司名称 직장명	zhíwèi jí jiǎndān miáoshù 职位及简单描述 직위 및 간단 서술

技能专长 특기사항		
	zhuāncháng 专长 특기	
	àihào 爱好 취미	
自我评价 자기평가		

작문 연습하기

请写一份你的个人简历。

자신의 이력서를 작성해보시기 바랍니다.

[4-3]

面试通知 1

면접 안내 1

다음 본문을 잘 듣고 다음 질문에 답하세요.

这个短信的主要内容是？

다음 중 메시지의 주요 내용으로 알맞은 것은?

① 售后服务回信

애프터 서비스(A/S) 회신

② 学校面试通知

학교 면접 안내

③ 公司面试通知

회사 면접 안내

단어 익히기

- 应聘者(yìngpìn zhě)
  (명) 지원자
- 通知(tōngzhī)
  (동) 통지하다, 알리다
- 经过(jīngguò)
  (동) 통과하다, 거치다
- 筛选(shāixuǎn)
  (동) 선별하다
- 符合(fúhé)
  (동) 부합하다
- 面试(miànshì)
  (명) 면접시험

정답 ③

본문 확인하기

尊敬的**应聘者**：

Zūnjìng de yìngpìn zhě ：

您好！

Nín hǎo!

非常高兴地**通知**您，

Fēicháng gāoxìng de tōngzhī nín,

经过我**们的**筛选，

jīngguò wǒmen de shāixuǎn,

您基本**符合**我公司外贸业务专员的职位要求，

nín jīběn fúhé wǒ gōngsī wàimào yèwù zhuānyuán de zhíwèi yāoqiú,

希望您于下个月26日上午9点来参加**面试**。

xīwàng nín yú xià ge yuè 26 rì shàngwǔ 9 diǎn lái cānjiā miànshì.

본문 해석하기

尊敬的应聘者：

您好！

非常高兴地通知您，经过我们的筛选，您基本符合我公司外贸业务专员的职位要求，希望您于下个月26日上午9点来参加面试。

친애하는 지원자님, 안녕하십니까?

우선 본사의 대외무역업무 책임자로 예비 선발 심사를 무사히 통과하셨음을 안내하게 되어 기쁩니다.

면접심사는 다음 달 26일 오전 9시에 진행될 예정이오니 반드시 참석하여 주시기 바랍니다.

작문 연습하기

你是学校人事部的职员，请给应聘者发短信通知他来参加学校职员的面试。

당신은 학교 인사부의 직원입니다. 지원자에게 면접에 참석하라는 메시지를 남기기 바랍니다.

[4-4]

面试通知2

면접 안내 2

다음 본문을 잘 듣고 다음 질문에 답하세요.

下面哪个说明是对的?

다음 중 본문 내용과 일치하는 것은?

① 面试得带护照

면접 시 여권을 반드시 지참해야 한다.

② 面试地点在北京

면접 장소는 북경이다.

③ 面试得带简历

면접 시 이력서를 반드시 지참해야 한다.

단어 익히기

- 证件(zhèngjiàn)
  (명) 증명서
- 原件(yuánjiàn)
  (명) 원본
- 联系人(liánxìrén)
  (명) 연락 담당자
- 配合(pèihé)
  (동) 협력하다
- 期待(qīdài)
  (동) 기대하다
- 人事部(rénshì bù)
  (명) 인사부

정답 ③

본문 확인하기

1、面试时请带以下证件：

miànshì shí qǐng dài yǐxià zhèngjiàn ：

身份证和学历证书原件及复印件一份，

shēnfènzhèng hé xuélì zhèngshū yuánjiàn jí fùyìnjiàn yífèn,

个人简历一份。

gèrén jiǎnlì yífèn.

2、面试地点：

miànshì dìdiǎn ：

上海市黄浦区丽水路78号638室，

Shànghǎi shì Huáng pǔ qū Lìshuǐ lù 78 hào 638 shì,

广达国际贸易有限公司

Guǎngdá guójì màoyì yǒuxiàn gōngsī

电话： 010-19881983

diànhuà ：010-19881983

联系人：张女士

liánxìrén ：Zhāng nǚshì

感谢您的配合，期待与您见面！

Gǎnxiè nín de pèihé, qīdài yǔ nín jiànmiàn!

广达国际贸易有限公司人事部

Guǎngdá guójì màoyì yǒuxiàn gōngsī rénshì bù

본문 해석하기

1、面试时请带以下证件：身份证和学历证书原件及复印件一份，个人简历一份。

면접 시 다음 증명서를 지참하시기 바랍니다: 신분증, 학력증명서 원본 및 사본 각 1부, 이력서 1부

2、面试地点：上海市黄浦区丽水路78号638室，广达国际贸易有限公司

电话： 010-19881983
联系人：张女士

면접 장소: 상해시 황포구 여수로 78호 638, 광다국제무역 유한회사
전화: 010-19881983
연락 담당자: 장여사

感谢您的配合，期待与您见面！
广达国际贸易有限公司人事部

협조해주셔서 감사드리며, 만나게 될 날을 손꼽아 기다리겠습니다.

작문 연습하기

你是广告公司老板，请给应聘者发短信，通知他们面试要带什么东西，及面试地点等。

당신은 광고회사의 대표입니다. 지원자들에게 메시지를 보내어 면접 시 지참해야 할 것과 면접 장소를 공지하시기 바랍니다.

3주차

办公

업무

模拟商务汉语

[4-1]

延误发货

배송 지연

다음 본문을 잘 듣고 다음 질문에 답하세요.

下面哪个说明是对的？

다음 중 본문 내용과 일치하는 것은?

① 男的是经理

남자는 사장이다.

② 公司延误发货

회사에서 배송이 지연되었다.

③ 货物下个月会到

물품은 다음 달에 도착할 것이다.

정답 ②

단어 익히기

- 货物(huòwù)
  (명) 물품, 상품, 화물
- 确认(quèrèn)
  (동) 확인하다
- 折扣(zhékòu)
  (명) 할인
- 补偿(bǔcháng)
  (동) 보상하다
- 对方(duìfāng)
  (명) 상대측
- 处理(chǔlǐ)
  (동) 해결하다, 처리하다

본문 확인하기

男：经理，新华公司来信说他们还没收到**货物**，

Jīnglǐ, Xīnhuá gōngsī láixìn shuō tāmen háiméi shōudào huòwù,

这批货物是上个月底就该收到的。

zhè pī huòwù shì shàng ge yuè dǐ jiù gāi shōudào de.

女：怎么会这样？先跟销售部**确认**一下，

Zěnme huì zhèyàng ? Xiān gēn xiāoshòubù quèrèn yixià,

然后给他们5%的**折扣**当做**补偿**。

ránhòu gěi tāmen 5% de zhékòu dāngzuò bǔcháng.

男：好的，我会请他们马上发出货物，

Hǎo de, wǒ huì qǐng tāmen mǎshàng fāchū huòwù,

并跟**对方**确认收货情况。

bìng gēn duìfāng quèrèn shōuhuò qíngkuàng.

女：他们是很重要的客户，得好好儿**处理**。

Tāmen shì hěn zhòngyào de kèhù, děi hǎohāor chǔlǐ.

본문 해석하기

男：经理，新华公司来信说他们还没收到货物，这批货物是上个月底就该收到的。

사장님, 신화회사로부터 아직 물품을 받지 못했다는 연락이 왔습니다. 이 물품들은 이미 지난달에 도착했어야 하는데 말입니다.

女：怎么会这样？先跟销售部确认一下，然后给他们5%的折扣当做补偿。

어떻게 이런 일이 일어날 수 있지요? 우선 판매부서에 확인한 후, 신화회사에 5% 할인 보상이라도 해줘야겠네요.

男：好的，我会请他们马上发出货物，并跟对方确认收货情况。

알겠습니다. 제가 바로 해당 부서에 물품발송을 요청하고, 신화회사 측 수취 여부를 확인하겠습니다.

女：他们是很重要的客户，得好好儿处理。

신화회사는 아주 중요한 고객입니다. 신경써서 해결해주기 바랍니다.

작문 연습하기

你的公司延误发货了，你会怎么告诉你的领导呢？

당신이 일하는 회사에서 물품 배송이 지연되었다는 사실을 알게 된다면, 상사에게 이 사실을 어떻게 보고할 것입니까?

[4-2]

向客户致歉

고객에게 사과하기

다음 본문을 잘 듣고 다음 질문에 답하세요.

课文的主题是什么？

본문의 주제로 다음 중 알맞은 것은?

① 介绍产品
상품 소개

② 向客户致歉
고객에 대한 사과

③ 修改日程安排
일정 변경

정답 ②

단어 익히기

- 代表(dàibiǎo)
  (동) 대표하다
- 合作(hézuò)
  (동) 협력하다
- 出错(chūcuò)
  (동) 착오를 범하다
- 疏忽(shūhu)
  (명) 부주의, 실수
- 类似(lèisì)
  (형) 유사하다, 비슷하다
- 影响(yǐngxiǎng)
  (동) 영향을 주다

본문 확인하기

男：李部长，我代表公司对这次延误发货的事情表示抱歉。

Lǐ bùzhǎng, wǒ dàibiǎo gōngsī duì zhècì yánwù fāhuò de shìqing biǎoshì bàoqiàn.

女：我们一直都合作得很好，我们想知道这次出错的原因。

Wǒmen yìzhí dōu hézuò de hěnhǎo, wǒmen xiǎng zhīdào zhècì chūcuò de yuányīn.

男：这次是销售部员工的疏忽，

Zhècì shì xiāoshòubù yuángōng de shūhū,

我们保证以后不会再出现类似的事件。

wǒmen bǎozhèng yǐhòu búhuì zài chūxiàn lèisì de shìjiàn.

女：那好吧，希望这件事不会影响到我们以后的合作。

Nà hǎo ba, xīwàng zhèjiàn shì búhuì yǐngxiǎng dào wǒmen yǐhòu de hézu.

본문 해석하기

男：李部长，我代表公司对这次延误发货的事情表示抱歉。

이 부장님, 저는 회사를 대표하여 이번 배송 지연 사건에 대해 사과를 드리러 왔습니다.

女：我们一直都合作得很好，我们想知道这次出错的原因。

우리는 줄곧 우호적인 협력관계를 유지해왔습니다. 도대체 왜 이런 일이 발생했는지 그 이유를 알고 싶네요.

男：这次是销售部员工的疏忽，我们保证以后不会再出现类似的事件。

이번에는 판매부서 직원의 부주의로 인해 물의를 빚게 되었습니다. 추후 이번과 같은 일이 발생하지 않도록 제가 책임지겠습니다.

女：那好吧，希望这件事不会影响到我们以后的合作。

알겠습니다. 저도 이번 일이 앞으로 우리 협력 관계에 영향을 미치지 않기를 바랍니다.

작문 연습하기

你的公司发错货物了，你会怎么向客户道歉呢？

당신의 회사에서 오배송 문제가 발생했습니다. 당신은 고객에게 어떻게 사과할 것입니까?

[4-3]

请假条

결근계

다음 본문을 잘 듣고 다음 질문에 답하세요.

张安琪写这张便条的目的是什么?

다음 중 장안기가 남긴 쪽지의 주목적으로 알맞은 것은?

① 请产假

출산 휴가 신청

② 请病假

병가 신청

③ 请婚假

결혼 휴가 신청

단어 익히기

- 于(yú)
  (개사) ~에
- 举办(jǔbàn)
  (동) 거행하다
- 请假(qǐngjià)
  (동) 휴가 신청하다
- 恢复(huīfù)
  (동) 회복하다
- 项目(xiàngmù)
  (명) 프로젝트
- 批准(pīzhǔn)
  (동) 비준하다, 승인하다

정답 ③

본문 확인하기

总经理您好：

Zǒng jīnglǐ nínhǎo ：

我和男友**于**6月16日**举办**婚礼，

Wǒ hé nányǒu yú 6 yuè 16 rì jǔbàn hūnlǐ,

将从6月13日起**请假**一周，

jiāng cóng 6 yuè 13 rì qǐ qǐngjià yìzhōu,

于6月20日正常**恢复**上班。

yú 6 yuè 20 rì zhèngcháng huīfù shàngbān.

目前负责的**项目**都已经完成。

Mùqián fùzé de xiàngmù dōu yǐjīng wánchéng.

请予**批准**，谢谢。

Qǐng yǔ pīzhǔn, xiè xie.

祝安好！

zhù ānhǎo!

请假人：张安琪

qǐngjià rén ：Zhāng ānqí

6月1日

6 yuè 1 rì

본문 해석하기

总经理您好：

我和男友于6月16日举办婚礼，将从6月13日起请假一周，于6月20日正常恢复上班。目前负责的项目都已经完成。请予批准，谢谢。

祝安好！

请假人：张安琪

6月1日

사장님, 안녕하십니까?

저와 제 남자친구가 6월 16일에 결혼식을 올립니다. 6월 13일부터 한 주간 결혼 휴가를 신청하며, 6월 20일부터는 정상 근무로 돌아올 예정입니다. 현재 제가 담당하고 있는 프로젝트 또한 이미 매듭을 지은 상태입니다. 휴가를 비준해주시기 바랍니다. 감사합니다.

늘 평안하시기 바랍니다!

신청인: 장안기

6월 1일

작문 연습하기

你要去医院做健康体检，请给总经理写一张请假条。

건강검진을 위해 병원에 가야 할 때, 사장에게 제출할 결근계를 작성하십시오.

[4-4]

活动安排

스케줄 관리

다음 본문을 잘 듣고 다음 질문에 답하세요.

下面哪个说明是对的?

다음 중 본문 내용과 일치하는 것은?

① 这是公司的日程表

이것은 회사의 일정표이다.

② 这是百货公司的日程表

이것은 백화점의 일정표이다.

③ 活动是在8月进行的

8월에 진행되는 일정이다.

단어 익히기

- 活动安排(huódòng ānpái)
  (명) 스케줄 관리
- 人力资源(rénlì zīyuán)
  (명) 인적 자원
- 培训(péixùn)
  (동) 양성하다, 키우다
- 接待(jiēdài)
  (동) 응접하다, 접대하다
- 负责人(fùzérén)
  (명) 책임자
- 另行通知(lìngxíng tōngzhī)
  (동) 별도 공지하다

정답 ①

7月5日~7月8日公司活动安排

7yuè 5rì ~7yuè 8rì gōngsī huódòng ānpái

时间 shíjiān	地点 dìdiǎn	内容 nèiróng	参加人员 cānjiā rényuán
7月5日 9:00~10:00	会议室 huìyìshì	员工会议 yuángōng huìyì	全体员工 quántǐ yuángōng
7月6日 9:00~11:00	会议室 huìyìshì	人力资源管理培训 rénlì zīyuán guǎnlǐ péixùn	总经理 zǒngjīnglǐ 人事部全体员工 rénshìbù quántǐ yuángōng
7月7日 18:00	大圆酒店 Dàyuán jiǔdiàn	接待美国客户 jiēdài Měiguó kèhù	公司领导 gōngsī lǐngdǎo 各部门负责人 gè bùmén fùzérén
7月8日 9:00~17:00	另行通知 lìngxíng tōngzhī	夏季运动会 xiàjì yùndònghuì	全体员工 quántǐ yuángōng

본문 해석하기

7月5日~7月8日公司活动安排

7월 5일~7월 8일 회사 스케줄 관리

时间 시간	地点 장소	内容 내용	参加人员 참가인원
7月5日 7월 5일 9:00~10:00	会议室 회의실	员工会议 직원 회의	全体员工 전직원
7月6日 7월 6일 9:00~11:00	会议室 회의실	人力资源管理培训 인력자원 관리교육	总经理 총지배인 人事部全体员工 인사부 전직원
7月7日 7월 7일 18:00	大圆酒店 대원호텔	接待美国客户 미국인 고객 응대	公司领导 회사대표 各部门负责人 각 부서 책임자
7月8日 7월 8일 9:00~17:00	另行通知 별도 공지	夏季运动会 하계 운동회	全体员工 전 직원

작문 연습하기

你负责举办公司的夏季运动会，
请简单安排一下运动会赛程。
（比赛项目：拔河比赛、两人三足、
羽毛球比赛、踢毽子、跳绳等）

당신은 사내 하계 운동회 주최를 담당하게 되었습니다. 운동회 경기 일정을 간단하게 정리해 보시기 바랍니다. (경기 종목: 줄다리기, 두 사람 발 묶어 달리기, 배드민턴, 제기차기, 줄넘기)

4주차

出差接待

출장과 응접

模拟商务汉语

[4-1]

机场接机

공항에서 영접하기

다음 본문을 잘 듣고 다음 질문에 답하세요.

下面哪个说明是对的?

다음 중 본문 내용과 일치하는 것은?

① 金部长来接机

김 부장이 공항에 나가 영접하였다.

② 王非来接机

왕비가 공항에 나가 영접하였다.

③ 黄经理来接机

황 매니저가 공항에 나가 영접하였다.

단어 익히기

- 亲自(qīnzì)
  (부) 직접, 손수, 친히
- 接机(jiējī)
  (동) 공항에 가서 영접하다
- 繁忙(fánmáng)
  (형) 일이 많고 바쁘다
- 入境(rùjìng)
  (동) 입국하다
- 手续(shǒuxù)
  (명) 수속, 절차
- 托你的福(tuō nǐ de fú)
  당신 덕분입니다

정답 ②

본문 확인하기

王非：金部长，欢迎您来上海！本来黄经理想**亲自**过来**接机**，

Jīn bùzhǎng, huānyíng nín lái Shànghǎi! Běnlái Huáng jīnglǐ xiǎng qīnzì guòlái jiējī,

由于最近业务**繁忙**，所以由我来接您。

yóuyú zuìjìn yèwù fánmáng, suǒyǐ yóu wǒ lái jiē nín.

金部长：王先生，你好，你们太客气了，谢谢你来机场接我。

Wáng xiānsheng, nǐ hǎo, nǐmen tài kèqi le, xièxie nǐ lái jīchǎng jiē wǒ.

王非：哪里，这是应该的！**入境手续**都办好了吗？

Nǎli, zhè shì yīnggāi de! Rùjìng shǒuxù dōu bànhǎo le ma?

金部长：**托你的福**，一切都很顺利。

Tuō nǐ de fú, yíqiè dōu hěn shùnlì.

본문 해석하기

王非：金部长，欢迎您来上海！本来黄经理想亲自过来接机，由于最近业务繁忙，所以由我来接您。

김 부장님, 상하이에 오신 것을 환영합니다! 원래 황 매니저가 직접 공항에 마중을 나오기로 했었는데, 최근에 일이 너무 많아져서 제가 오게 되었습니다.

金部长：王先生，你好，你们太客气了，谢谢你来机场接我。

왕 선생님, 안녕하세요! 너무 어렵게 생각하지 마세요. 이렇게 나와주셔서 감사합니다.

王非：哪里，这是应该的！入境手续都办好了吗？

아닙니다. 당연한 것을요! 입국 수속은 모두 잘 마치셨습니까?

金部长：托你的福，一切都很顺利。

덕분에요. 모두 잘 마쳤습니다.

작문 연습하기

你要到机场接客户，你会怎么跟他打招呼？

당신이 고객을 영접하러 공항에 나갔을 때, 어떻게 인사를 시작할 것입니까?

[4-2]

接待客户

고객 응접하기

다음 본문을 잘 듣고 다음 질문에 답하세요.

下面哪个说明是对的?

다음 중 본문 내용과 일치하는 것은?

① 金部长住在酒店
김 부장은 호텔에 머물고 있다.

② 金部长没有带名片
김 부장은 명함을 들고 오지 않았다.

③ 金部长是从上海来的
김 부장은 상하이에서 왔다.

단어 익히기

- 幸会(xìnghuì)
  (동) 만나 뵙게 되어 영광입니다
- 久仰大名(jiǔyǎng dàmíng)
  존함은 오래전에 들었습니다
- 名片(míngpiàn)
  (명) 명함
- 不敢当(bù gǎndāng)
  천만의 말씀입니다
- 期间(qījiān)
  (명) 기간
- 多亏(duōkuī)
  (동) 은혜를 입다, 덕택이다

정답 ①

본문 확인하기

王非：　让我来介绍一下，

Ràng wǒ lái jièshào yixià,

这位是韩国韩通公司的部长金慧乔小姐，

zhè wèi shì Hánguó Hántōng gōngsī de bùzhǎng Jīn huìqiáo xiǎojiě,

这位是我们公司的经理黄易小姐。

zhè wèi shì wǒmen gōngsī de jīnglǐ Huáng yì xiǎojiě.

黄经理：幸会，幸会！久仰大名。这是我的名片。

Xìnghuì, xìnghuì ! Jiǔyǎng dàmíng. Zhè shì wǒ de míngpiàn.

金部长：不敢当，这是我的名片，请多指教。

Bù gǎndāng, zhè shì wǒ de míngpiàn, qǐng duō zhǐjiào.

黄经理：昨天休息得好吗？在上海期间，如果有任何需要，

Zuótiān xiūxi de hǎo ma? Zài Shànghǎi qījiān, rúguǒ yǒu rènhé xūyào,

请随时跟我们联系。

qǐng suíshí gēn wǒmen liánxì.

金部长：多亏了贵公司的安排，酒店也很舒服，

Duōkuī le guì gōngsī de ānpái, jiǔdiàn yě hěn shūfu,

我也休息得很好，谢谢。

wǒ yě xiūxi dé hěn hǎo, xièxie.

본문 해석하기

王非：让我来介绍一下，这位是韩国韩通公司的部长金慧乔小姐，这位是我们公司的经理黄易小姐。

제가 소개해드리겠습니다. 이분은 한국한통회사의 부장님인 김혜교 씨입니다. 이분은 우리 회사의 매니저인 황이 씨입니다.

黄经理：幸会，幸会！久仰大名。这是我的名片。

만나 뵙게 되어 영광입니다. 존함은 익히 들어 알고 있습니다. 이것은 제 명함입니다.

金部长：不敢当，这是我的名片，请多指教。

천만의 말씀입니다. 이것은 제 명함입니다. 잘 부탁드립니다.

黄经理：昨天休息得好吗？在上海期间，如果有任何需要，请随时跟我们联系。

어제 잘 쉬셨는지요? 상하이에 계시는 동안 도움이 필요하시면 언제든지 연락 주십시오.

金部长：多亏了贵公司的安排，酒店也很舒服，我也休息得很好，谢谢。

귀사의 준비 덕분에 호텔에서 편히 쉬었습니다. 감사합니다.

작문 연습하기

你和客户第一次见面的时候，会怎么接待他呢？

당신이 처음 고객과 만난다고 가정했을 때, 어떻게 고객을 응대할 것입니까?

[4-3]

出差日程表

출장 일정표

다음 본문을 잘 듣고 다음 질문에 답하세요.

下面哪个说明是对的？

다음 중 본문 내용과 일치하는 것은?

① 这是招生日程表
이것은 신입생 모집 일정표이다.

② 这是旅游行程表
이것은 여행 일정표이다.

③ 这是出差日程表
이것은 출장 일정표이다.

단어 익히기

- 抵达(dǐdá)
(동) 도착하다, 도달하다
- 前往(qiánwǎng)
(동) 향하다, 이동하다
- 会见(huìjiàn)
(동) 회견하다, 접견하다
- 出口部(chūkǒubù)
(명) 수출팀
- 会谈(huìtán)
(동) 회담하다
- 告别宴会(gàobié yànhuì)
(명) 송별회

정답 ③

본문 확인하기

<table>
<tr><td colspan="3">六月三日
liù yuè sān rì</td></tr>
<tr><td rowspan="2">下午
xiàwǔ</td><td>8:30</td><td>抵达上海
dǐdá Shànghǎi</td></tr>
<tr><td>9:00</td><td>前往酒店
qiánwǎng jiǔdiàn</td></tr>
<tr><td colspan="3">六月四日
liù yuè sì rì</td></tr>
<tr><td rowspan="3">上午
shàngwǔ</td><td>10:00</td><td>会见广达国际贸易公司经理
huìjiàn Guǎngdá guójì màoyì gōngsī jīnglǐ</td></tr>
<tr><td>10:30</td><td>与广达国际贸易公司出口部部长会谈
yǔ Guǎngdá guójì màoyì gōngsī chūkǒubù bùzhǎng huìtán</td></tr>
<tr><td>12:00</td><td>工作午餐
gōngzuò wǔcān</td></tr>
<tr><td rowspan="3">下午
xiàwǔ</td><td>2:00</td><td>继续同出口部部长会谈
jìxù tóng chūkǒubù bùzhǎng huìtán</td></tr>
<tr><td>6:30</td><td>告别宴会
gàobié yànhuì</td></tr>
<tr><td>10:40</td><td>离开上海
líkāi Shànghǎi</td></tr>
</table>

본문 해석하기

六月三日 6월 3일		
下午 오후	8:30	抵达上海 상하이에 도착
	9:00	前往酒店 호텔로 이동
六月四日 6월 4일		
上午 오전	10:00	会见广达国际贸易公司经理 광다국제무역회사 매니저와의 미팅
	10:30	与广达国际贸易公司出口部部长会谈 광다국제무역호텔 수출팀 부장과의 회담
	12:00	工作午餐 미팅 겸 점심식사
下午 오후	2:00	继续同出口部部长会谈 수출팀 부장과의 회담 지속
	6:30	告别宴会 송별회
	10:40	离开上海 출국

작문 연습하기

你的领导要出差了，请帮他安排一下出差日程表。

당신의 상사가 출장을 가야 할 때, 상사를 도와 출장 일정표를 작성해보기 바랍니다.

[4-4]

出差紧急状况

출장 시 긴급상황

다음 본문을 잘 듣고 다음 질문에 답하세요.

下面哪个说明是对的?

다음 중 본문 내용과 일치하는 것은?

① 航班正常起飞
항공기는 정상적으로 이륙하였다.

② 女的赶不上会议
여성은 회의에 제때 도착하지 못했다.

③ 男的赶不上会议
남성은 회의에 제때 도착하지 못했다.

단어 익히기

☑ 推迟(tuīchí)
(동) 연기하다

☑ 估计(gūji)
(동) 추측하다, 예측하다

☑ 糟(zāo)
(형) 망치다, 그르치다

☑ 会议材料(huìyì cáiliào)
(명) 회의 자료

☑ 万一(wànyī)
(접속사) 만약, 혹시

☑ 报告(bàogào)
(동) 보고하다

정답 ②

본문 확인하기

女：小赵，飞往上海的航班**推迟**起飞了，

Xiǎo zhào, fēi wǎng Shànghǎi de hángbān tuīchí qǐfēi le,

估计我赶不上下午的会议了。

gūjì wǒ gǎnbushàng xiàwǔ de huìyì le.

男：我看了天气预报，知道天气不好，但没想到情况这么**糟**。

Wǒ kàn le tiānqì yùbào, zhīdào tiānqì bù hǎo, dàn méi xiǎng dào qíngkuàng zhème zāo.

女：是啊，所有航班都受到影响，看来还要几个小时才能起飞，

Shì a, suǒyǒu hángbān dōu shòu dào yǐngxiǎng, kàn lái háiyào jǐ ge xiǎoshí cái néng qǐfēi,

我还是先把**会议材料**发给你吧。

wǒ háishì xiān bǎ huìyì cáiliào fā gěi nǐ ba.

男：好，**万一**你赶不上，我就先帮你**报告**吧。

Hǎo, wànyī nǐ gǎn bushàng, wǒ jiù xiān bāng nǐ bàogào ba.

본문 해석하기

女：小赵，飞往上海的航班推迟起飞了，估计我赶不上下午的会议了。

샤오짜오, 상하이행 항공편이 지연되었어요. 아마도 오후 회의까지는 도착하기 힘들 것 같아요.

男：我看了天气预报，知道天气不好，但没想到情况这么糟。

일기예보를 보니 날씨가 안 좋던데, 일이 이렇게 될 줄은 몰랐네요.

女：是啊，所有航班都受到影响，看来还要几个小时才能起飞，我还是先把会议材料发给你吧。

그러게요. 모든 항공편이 이륙에 지장을 받았어요. 보아하니 몇 시간 동안은 이륙하기 힘들 것 같네요. 일단 회의자료는 보내드릴게요.

男：好，万一你赶不上，我就先帮你报告吧。

알겠습니다. 만약 제시간에 도착하지 않으시면, 우선 제가 발표를 하고 있겠습니다.

작문 연습하기

由于航班推迟起飞，你赶不上会议，你会怎么请你的同事帮忙呢？

항공편이 지연되는 바람에 당신은 회의에 제때 도착하지 못했습니다. 이런 경우 당신은 동료들에게 어떻게 도움을 구할 것입니까?

5주차

产品

상품

[4-1]

展销会日程安排

전시판매회 일정 계획하기

다음 본문을 잘 듣고 다음 질문에 답하세요.

课文是什么展销会的日程安排?

다음 중 전시판매회와 관련된 상품으로 알맞은 것은?

① 化妆品展销会
화장품 전시판매회

② 汽车展销会
자동차 전시판매회

③ 农产品展销会
농산품 전시판매회

단어 익히기

- 开幕(kāimù)
(동) 개막하다
- 仪式(yíshì)
(명) 의식
- 发布会(fābùhuì)
(명) 발표회
- 抽奖(chōujiǎng)
(동) 추첨하다
- 中奖(zhòngjiǎng)
(동) 당첨되다
- 不锈钢(bú xiùgāng)
(형) 스테인리스강

정답 ②

본문 확인하기

时间 shíjiān	日程安排 rìchéng ānpái
9:30	开幕仪式 kāimù yíshì
9:45	各大车商领导简短讲话 gè dà chēshāng lǐngdǎo jiǎnduǎn jiǎnghuà
10:30	新车上市新闻发布会 xīnchē shàngshì xīnwén fābùhuì
11:00	抽奖 chōujiǎng
11:30	开幕仪式结束 kāimù yíshì jiéshù
注意事项： zhùyì shìxiàng 现场订车客户皆可抽奖，100%中奖！ xiànchǎng dìngchē kèhù jiē kě chōujiǎng, 100% zhòngjiǎng ！ 一等奖3名，名牌手提包一个 yī děng jiǎng 3 míng, míngpái shǒutíbāo yíge 二等奖20名，汽车礼包一份 èr děng jiǎng 20 míng, qìchē lǐbāo yí fèn 三等奖100名，不锈钢水杯一个 sān děng jiǎng 100 míng, bú xiùgāng shuǐbēi yíge （本次活动奖品由《外大日报》提供） (běncì huódòng jiǎngpǐn yóu Wàidà rìbào tígōng)	

본문 해석하기

<table>
<tr><td>时间
시간</td><td>日程安排
일정</td></tr>
<tr><td>9:30</td><td>开幕仪式
개막식</td></tr>
<tr><td>9:45</td><td>各大车商领导简短讲话
각 자동차 회사 대표 연설</td></tr>
<tr><td>10:30</td><td>新车上市新闻发布会
신차 출시 발표회</td></tr>
<tr><td>11:00</td><td>抽奖
추첨 이벤트</td></tr>
<tr><td>11:30</td><td>开幕仪式结束
개막식 종료</td></tr>
<tr><td colspan="2">注意事项：
주의사항:

现场订车客户皆可抽奖，100%中奖！
현장 예약한 모든 고객은 추첨 이벤트에 참여 가능, 100% 당첨!

一等奖3名，名牌手提包一个
일등상 3명, 명품핸드백

二等奖20名，汽车礼包一份
이등상 20명, 자동차 용품 선물세트

三等奖100名，不锈钢水杯一个
삼등상 100명, 스테인리스 물컵

（本次活动奖品由《外大日报》提供）
(본 추첨 이벤트의 경품은《외대일보》에서 제공하였음.)</td></tr>
</table>

작문 연습하기

你是汽车展销会的主持人，你会怎么说明日程安排？

당신이 자동차 전시판매회의 진행자라고 가정한다면, 전시판매회의 일정을 어떻게 계획할 것입니까?

[4-2]

产品发布会

상품발표회

다음 본문을 잘 듣고 다음 질문에 답하세요.

有关尚雅公司，下面哪个说明是对的？

다음 중 尚雅회사와 관련하여 옳은 것은?

① 他们卖女人的衣服

그들은 여성복을 판매한다.

② 这是夏季服装发布会

이것은 하계 패션 발표회이다.

③ 他们刚刚成立一年

그들은 막 창립 1주년을 맞이했다.

단어 익히기

- 品牌(pǐnpái)
  (명) 상표, 브랜드
- 发布会(fābùhuì)
  (명) 발표회
- 领先(lǐngxiān)
  (동) 리드하다
- 设计师(shèjìshī)
  (명) 설계사, 디자이너
- 元素(yuánsù)
  (명) 원소
- 消费者(xiāofèizhě)
  (명) 소비자

정답 ①

본문 확인하기

尊敬的各位来宾，大家好！

Zūnjìng de gèwèi láibīn, dàjiā hǎo!

很高兴今天能举行我们尚雅**品牌**的春季服装**发布会**。

Hěn gāoxìng jīntiān néng jǔxíng wǒmen Shàngyǎ pǐnpái de chūnjì fúzhuāng fābùhuì.

首先，对大家的到来表示欢迎和感谢！

Shǒuxiān, duì dàjiā de dàolái biǎoshì huānyíng hé gǎnxiè!

尚雅服装公司已经成立十年了，

Shàngyǎ fúzhuāng gōngsī yǐjīng chénglì shí nián le,

我们的产品一直在女装市场保持**领先**地位。

wǒmen de chǎnpǐn yìzhí zài nǚzhuāng shìchǎng bǎochí lǐngxiān dìwèi.

今天新品发布会上推出的这些产品，

Jīntiān xīnpǐn fābùhuì shang tuīchū de zhèxiē chǎnpǐn,

都是我们**设计师**根据国内外最新流行**元素**设计出来的，

dōushì wǒmen shèjìshī gēnjù guó nèi wài zuìxīn liúxíng yuánsù shèjì chū lái de,

相信一定会受**消费者**欢迎的。

xiàngxìn yídìng huì shòu xiāofèizhě huānyíng de.

让我们举起酒杯，

Ràng wǒmen jǔqǐ jiǔbēi,

祝尚雅春季女装大卖！

zhù Shàngyǎ chūnjì nǚzhuāng dàmài!

본문 해석하기

尊敬的各位来宾，大家好！

很高兴今天能举行我们尚雅品牌的春季服装发布会。首先，对大家的到来表示欢迎和感谢！尚雅服装公司已经成立十年了，我们的产品一直在女装市场保持领先地位。今天新品发布会上推出的这些产品，都是我们设计师根据国内外最新流行元素设计出来的，相信一定会受消费者欢迎的。让我们举起酒杯，祝尚雅春季女装大卖！

존경하는 내빈 여러분, 안녕하십니까!

오늘 이렇게 저희 상아 브랜드의 춘계 패션 발표회를 거행하게 되어 무한히 기쁨을 느낍니다. 우선 참석하셔서 자리를 빛내주신 내빈 여러분께 환영과 감사의 인사를 드립니다. 상아 패션 회사는 이미 창립한지 10년이 지났고, 창립 이래 줄곧 업계에서 선두 자리를 지켜왔습니다. 오늘 신상품 발표회에서 선보일 상품들 또한 저희 디자이너가 국내외 최신 유행 원소에 따라 설계하였으므로, 고객님들께도 반드시 환영받으리라 확신합니다. 자, 그럼 내빈 여러분 모두 잔을 들어주시기 바랍니다. 상아 춘계 여성복 홍행을 위하여!

작문 연습하기

你们公司举行新产品发布会，请简单说明你们的新产品。

당신의 회사가 신제품 발표회를 거행하게 되었습니다. 당신 회사의 신제품에 대하여 간단하게 설명해보십시오.

[4-3]

产品调查

상품 조사

다음 본문을 잘 듣고 다음 질문에 답하세요.

下面哪个说明是对的?

다음 중 본문 내용과 일치하는 것은?

① 这是企业满意度调查

이것은 기업 만족도 조사이다.

② 这是产品满意度调查

이것은 상품 만족도 조사이다.

③ 这是食品调查

이것은 식품 조사이다.

단어 익히기

- 购买(gòumǎi)
  (동) 구매하다
- 重视(zhòngshì)
  (동) 중시하다
- 卫生 (wèishēng)
  (명) 위생
- 保存期限 (bǎocún qīxiàn)
  (명) 유통기한
- 繁多 (fánduō)
  (형) 풍부하다, 다양하다
- 打造 (dǎzào)
  (동) 제조하다, 조성하다

정답 ①

본문 확인하기

你在购买食品时最重视哪些因素？

Nǐ zài gòumǎi shípǐn shí zuì zhòngshì nǎ xiē yīnsù?

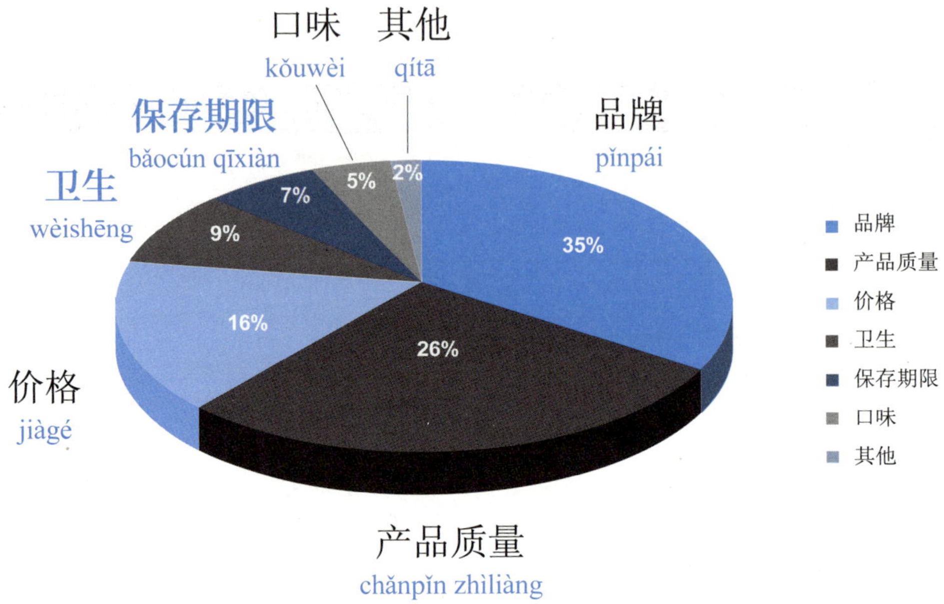

当消费者面对种类繁多的食品时，

Dāng xiāofèizhě miànduì zhǒnglèi fánduō de shípǐn shí,

对品牌的喜好会影响其最终是否购买。

duì pǐnpái de xǐhào huì yǐngxiǎng qí zuìzhōng shìfǒu gòumǎi.

这说明食品企业不仅要重视质量问题，

zhè shuōmíng shípǐn qǐyè bùjǐn yào zhòngshì zhìliàng wèntí,

也要好好儿打造企业品牌。

yě yào hǎohaor dǎzào qǐyè pǐnpái.

본문 해석하기

你在购买食品时最重视哪些因素？

당신은 식품을 구입할 때 무엇을 가장 중요시하나요?

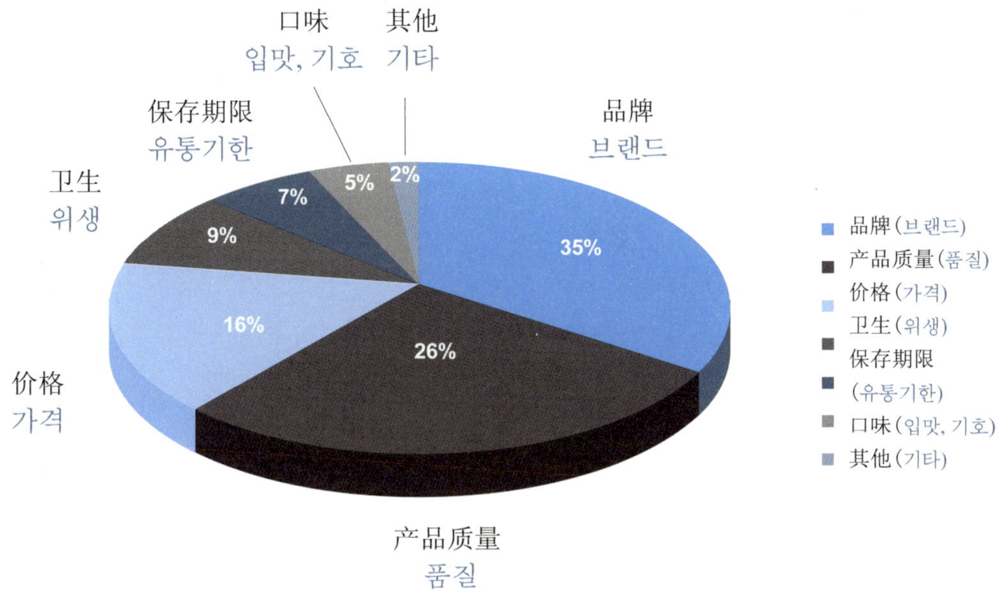

当消费者面对种类繁多的食品时，对品牌的喜好会影响其最终是否购买。这说明食品企业不仅要重视质量问题，也要好好儿打造企业品牌。

소비자들이 식품을 구입할 때, 브랜드에 대한 호감도 상품 구매에 큰 영향을 미칩니다. 즉, 식품 기업들은 품질에만 신경을 쓸 것이 아니라 브랜드의 이미지도 잘 관리해야겠지요.

작문 연습하기

请叙述这个调查结果。

다음 조사 결과를 서술해 보십시오.

购买汽车最重视的因素：

자동차 구매 시 가장 중요하게 생각하는 부분:

价格 9%

가격9%

品牌28%

브랜드28%

性能10%

성능10%

外观25%

디자인25%

耗油量14%

연료 소모량14%

发动机的排量10%

엔진 배기량10%

其他4%

기타4%

[4-4]

投诉信

소비자 불만 신고

다음 본문을 잘 듣고 다음 질문에 답하세요.

下面哪个说明是对的?

다음 중 본문 내용과 일치하는 것은?

① 电脑是在总公司买的

컴퓨터는 본사에서 구매한 것이다.

② 这是一封产品质量投诉信

이것은 상품의 품질에 대한 소비자 불만 신고이다.

③ 服务人员很客气

직원은 매우 공손하다.

단어 익히기

- 闪屏(shǎnpíng)
  컴퓨터나 핸드폰 화면이 깜빡이다.
- 维修点(wéixiūdiǎn)
  (명) A/S 센터
- 退换(tuìhuàn)
  (동) 교환하다
- 条例(tiáolì)
  (명) 조례, 규정
- 恶劣(èliè)
  (형) 열악하다, 악랄하다
- 反馈(fǎnkuì)
  (동) 피드백 받다

정답 ②

본문 확인하기

总经理：

Zǒngjīnglǐ ：

您好！

Nín hǎo!

上个月15日，

Shàng ge yuè 15 rì,

我在上海电脑商场买了一台笔记本电脑。

wǒ zài Shànghǎi diànnǎo shāngchǎng mǎi le yìtái bǐjìběn diànnǎo.

三天后，电脑出现**闪屏**现象。

Sān tiān hòu, diànnǎo chūxiàn shǎnpíng xiànxiàng.

我马上去贵公司在上海黄浦区的**维修点**，

Wǒ mǎshàng qù guì gōngsī zài Shànghǎi Huángpǔqū de wéixiūdiǎn,

根据售后七天无条件**退换条例**，

gēnjù shòuhòu qī tiān wútiáojiàn tuìhuàn tiáolì,

我希望换一台电脑。

wǒ xīwàng huàn yìtái diànnǎo.

可是服务人员态度**恶劣**，

Kěshì fúwù rényuán tàidu èliè,

而且拒绝让我更换电脑。

érqiě jùjué ràng wǒ gēnghuàn diànnǎo.

我对贵公司的服务态度和办事方法很不满意，

Wǒ duì guì gōngsī de fúwù tàidu hé bànshì fāngfǎ hěn bù mǎnyì,

希望贵公司能够重视售后服务工作，

xīwàng guì gōngsī nénggòu zhòngshì shòuhòu fúwù gōngzuò,

在这个月底前将处理结果**反馈**给我。

zài zhè ge yuèdǐ qián jiāng chǔlǐ jiéguǒ fǎnkuì gěi wǒ.

祝工作顺利！

Zhù gōngzuò shùnlì!

李华

Lǐ Huá

电话：16830884078

diànhuà：16830884078

본문 해석하기

总经理：
您好！
上个月15日，我在上海电脑商场买了一台笔记本电脑。三天后，电脑出现闪屏现象。我马上去贵公司在上海黄浦区的维修点，根据售后七天无条件退换条例，我希望换一台电脑。可是服务人员态度恶劣，而且拒绝让我更换电脑。
我对贵公司的服务态度和办事方法很不满意，希望贵公司能够重视售后服务工作，在这个月底前将处理结果反馈给我。
祝工作顺利！

李华
电话：16830884078

대표님께
안녕하십니까!
저는 지난달 15일 상하이 컴퓨터 스토어에서 노트북 한 대를 구입했습니다. 삼일 후 노트북 화면 깜빡임 문제로 곧장 귀사의 상하이 황포구 A/S센터를 찾았습니다. 저는 구매 후 7일 내 교환 규정에 따라 고장 난 제 노트북을 새 제품으로 교환하고자 했습니다. 그러나 직원은 불량한 태도로 상품 교환을 거부했습니다.
저는 귀사의 서비스 태도와 업무 처리 방식에 매우 실망했습니다. 부디 귀사가 애프터서비스를 좀 더 중시하기를 바라며, 이달 말 전까지 조치 결과를 안내해주기 바랍니다.
앞으로도 번창하시기 바랍니다!

이화
전화번호: 16830884078

작문 연습하기

你买到有问题的产品，请简单叙述产品问题和你的要求。

결함이 있는 상품을 구입했다고 가정하고, 상품의 결함과 요구 사항에 대해 간단히 기술해 보십시오.

6주차

创业

창업

[4-1]

创业故事1

창업이야기1

다음 본문을 잘 듣고 다음 질문에 답하세요.

下面哪个说明是对的?

다음 중 본문 내용과 일치하는 것은?

① 快递员要卖手机

택배 직원이 휴대폰을 판매한다.

② 可以在网上卖旧手机

온라인에서 중고 휴대폰을 판매할 수 있다.

③ 新手机要卖给废品回收

새 휴대폰을 폐품 회수에 넘기려고 한다.

단어 익히기

- 抽屉(chōuti)
  (명) 서랍
- 鼠标(shǔbiāo)
  (명) 마우스
- 快递员(kuàidiyuán)
  (명) 택배 직원
- 传统(chuántǒng)
  (형) 전통적이다
- 废品回收(fèipǐn huíshōu)
  (명) 폐품 회수
- 模式(móshì)
  (명) 모델, 패턴, 양식

정답 ②

본문 확인하기

买了新手机，

Mǎi le xīn shǒujī,

旧手机怎么办？

jiù shǒujī zěnmebàn?

卖给路边小店，

Màigěi lù biān xiǎodiàn,

还是把它丢到**抽屉**里？

háishì bǎ tā diūdào chōuti li?

或者泡一杯咖啡，

Huòzhě pào yì bēi kāfēi,

坐在电脑前，

zuòzài diànnǎo qián,

打开网页，

dǎkāi wǎngyè,

轻点**鼠标**。

qīng diǎn shǔbiāo.

几个小时后，

Jǐ ge xiǎoshí hòu,

一个**快递员**上门服务，

yí ge kuàidìyuán shàngmén fúwù,

你把手机交给他，

nǐ bǎ shǒujī jiāogěi tā,

他把现金交给你。

tā bǎ xiànjīn jiāogěi nǐ.

现在，

Xiànzài,

把**传统**的**废品回收**行业，

bǎ chuántǒng de fèipǐn huíshōu hángyè,

搬到网络上的创业**模式**已经成为现实。

bāndào wǎngluò shang de chuàngyè móshì yǐjīng chéngwéi xiànshí.

본문 해석하기

买了新手机，旧手机怎么办？卖给路边小店，还是把它丢到抽屉里？或者泡一杯咖啡，坐在电脑前，打开网页，轻点鼠标。几个小时后，一个快递员上门服务，你把手机交给他，他把现金交给你。现在，把传统的废品回收行业，搬到网络上的创业模式已经成为现实。

새 휴대폰을 구매하면 옛 휴대폰은 어떻게 처리하십니까? 길가의 작은 상점에 팔거나 서랍에 넣어 두시나요? 아니면 커피 한 잔을 내리는 동안 인터넷 창을 띄워 마우스를 클릭해보는 것은 어떨까요? 몇 시간 후면 택배 직원이 문 앞까지 찾아와 휴대폰을 현금으로 바꿀 수 있지요. 이렇듯 전통적인 폐품 회수업은 온라인상의 창업 모델로 옮겨 와 이미 현실이 되었습니다.

작문 연습하기

你买了新手机，旧手机会怎么处理呢？

당신은 새 휴대폰을 구매했을 때, 옛 휴대폰을 어떻게 처리하십니까?

[4-2]

创业故事2

창업이야기2

다음 본문을 잘 듣고 다음 질문에 답하세요.

下面哪个说明是对的？

다음 중 본문 내용과 일치하는 것은?

① 孙先生本来的工作很稳定

손 선생은 원래 안정적인 직업을 가지고 있었다.

② 孙先生在网上卖新的东西

손 선생은 온라인상에서 새 물건을 판매한다.

③ 孙先生在网上回收衣服

손 선생은 온라인상에서 옷을 회수한다.

단어 익히기

- 外企白领(wàiqǐ báilǐng)
  (명) 외국계 기업 직장인
- 辞职(cízhí)
  (동) 사직하다
- 生意(shēngyi)
  (명) 장사, 사업, 거래
- 成立(chénglì)
  (동) 창립하다, 설립하다
- 交易平台(jiāoyì píngtái)
  (명) 거래 플랫폼
- 投资基金(tóuzī jījīn)
  (명) 투자 기금

정답 ①

본문 확인하기

孙先生，

Sūn xiānsheng,

曾经是一名**外企白领**，

céngjīng shì yì míng wàiqǐ báilǐng,

五年前**辞职**，

wǔ nián qián cízhí,

做起了“收废品”的**生意**。

zuòqǐ le “shōu fèipǐn” de shēngyi.

他**成立**了爱回收网，

Tā chénglì le Ai Huíshōu Wǎng,

利用网络回收二手电子数码产品。

lìyòng wǎngluò huíshōu èrshǒu diànzǐ shùmǎ chǎnpǐn.

把回收电子数码产品的生意搬到网上并做成**交易平台**，

Bǎ huíshōu diànzǐ shùmǎ chǎnpǐn de shēngyi bāndào wǎng shang bìng zuòchéng jiāoyì píngtái,

这个点子让他得到了百万美元的**投资基金**。

zhè ge diǎnzi ràng tā dédào le bǎiwàn měiyuán de tóuzī jījīn.

본문 해석하기

孙先生，曾经是一名外企白领，五年前辞职，做起了“收废品”的生意。他成立了爱回收网，利用网络回收二手电子数码产品。把回收电子数码产品的生意搬到网上并做成交易平台，这个点子让他得到了百万美元的投资基金。

손 선생은 이전에 외국계 기업의 직원이었습니다. 5년 전에 일을 그만두고 “폐품 회수업”을 시작했습니다. 그는 사랑회수넷을 설립하여 온라인으로 중고 디지털제품을 수거했습니다. 수거한 디지털제품은 인터넷 거래 플랫폼을 만들어 사업을 했습니다. 이러한 방법이 바로 그가 백만 달러라는 큰 투자 기금을 모을 수 있도록 했습니다.

작문 연습하기

你是否曾经想过创业？如果可以的话，你想做什么生意呢？

당신은 혹시 창업을 꿈꿨던 적이 있습니까? 창업이 가능하다면, 어떤 일을 하고 싶습니까?

[4-3]

创业故事3

창업이야기3

다음 본문을 잘 듣고 다음 질문에 답하세요.

下面哪个说明是对的？

다음 중 본문 내용과 일치하는 것은?

① 公司有困难的时候员工都离开了

회사에 어려움이 있을 때 직원들은 모두 회사를 떠났다.

② 孙先生只雇用名牌大学的学生

손 선생은 오직 명문대학의 학생들만 고용했다.

③ 孙先生认为团队是最重要的

손 선생은 팀을 가장 중시했다.

단어 익히기

- 梦想(mèngxiǎng)
  (명) 꿈, 이상
- 打造(dǎzào)
  (동) 제조하다, 조성하다
- 团队(tuánduì)
  (명) 단체, 팀
- 始终(shǐzhōng)
  (부) 시종일관, 한결같이
- 支持(zhīchí)
  (명) 지지, 서포트
- 实现(shíxiàn)
  (동) 실현하다, 달성하다

정답 ③

본문 확인하기

孙先生最大的梦想，

Sūn xiānsheng zuì dà de mèngxiǎng,

就是打造一个数码回收的“淘宝网”。

jiùshì dǎzào yí ge shùmǎ huíshōu de “Táo Bǎo Wǎng”.

他认为，

Tā rènwéi,

走向梦想的路上，

zǒuxiàng mèngxiǎng de lù shang,

投资虽然重要，

tóuzī suīrán zhòngyào,

但他更看重团队。

dàn tā gèng kànzhòng tuánduì.

“公司刚起步时，

“Gōngsī gāng qǐbù shí,

不少名牌大学的学生来打工，

bù shǎo míngpái dàxué de xuésheng lái dǎgōng,

毕业后都留在了公司。

biyè hòu dōu liúzài le gongsī.

在公司最困难的时候，

Zài gōngsī zuì kùnnán de shíhou,

他们始终和我们在一起。

tāmen shǐzhōng hé wǒmen zàiyiqǐ.

有他们的**支持**，

Yǒu tāmen de zhīchí,

才有公司的今天。”

cáiyǒu gōngsī de jīntiān.”

他说：“有团队，

Tā shuō ：“ Yǒu tuánduì,

才能**实现**梦想”。

cáinéng shíxiàn mèngxiǎng”.

본문 해석하기

孙先生最大的梦想，就是打造一个数码回收的“淘宝网”。他认为，走向梦想的路上，投资虽然重要，但他更看重团队。“公司刚起步时，不少名牌大学的学生来打工，毕业后都留在了公司。在公司最困难的时候，他们始终和我们在一起。有他们的支持，才有公司的今天。”他说：“ 有团队，才能实现梦想 ”。

손 선생의 가장 큰 꿈은 바로 디지털 방식으로 회수가 가능한 “타오바오왕”을 만드는 것이었습니다. 그는 꿈을 좇는 과정 중 투자도 물론 중요하지만, 그보다 더 중요한 것은 바로 팀이라고 생각했습니다.

“회사가 막 발걸음을 떼기 시작했을 때, 적지 않은 명문 대학의 학생들이 아르바이트를 해주었고, 졸업 후에도 회사에 남아주었습니다. 회사가 가장 어려울 때에도 그들은 줄곧 우리와 함께였습니다. 그들의 지지가 있었기에 오늘날 우리 회사가 있는 것입니다.” 그가 다음과 같이 말했습니다:

“우리 팀이 있어야 우리는 마침내 이상을 실현할 수 있을 것입니다.”

작문 연습하기

请谈谈你的梦想。

자신의 꿈에 대하여 말해봅시다.

[4-4]

马云创业语录

마윈의 창업 어록

다음 본문을 잘 듣고 다음 질문에 답하세요.

下面哪个说明是对的？

다음 중 본문 내용과 일치하는 것은?

① 这些话是比尔盖茨说的

다음은 빌게이츠가 한 말입니다.

② 悲观的人自己做生意不会成功

비관적인 사람은 창업에 성공할 수 없습니다.

③ 不想做的事情就明天再做

하기 싫은 일은 내일로 미루어야 합니다.

단어 익히기

- 语录(yǔlù)
  (명) 어록
- 彩排(cǎipái)
  (동) 리허설하다
- 现场直播(xiànchǎng zhíbō)
  (명) 생중계
- 悲观(bēiguān)
  (형) 비관적이다
- 放弃(fàngqì)
  (동) 포기하다
- 遥远(yáoyuǎn)
  (형) 아득히 멀다

정답 ②

본문 확인하기

马云创业**语录**：

Mǎ Yún chuàngyè yǔlù :

人生没有**彩排**，

Rénshēng méiyǒu cǎipái,

每一天都是**现场直播**。

měi yì tiān dōushì xiànchǎng zhíbō.

悲观的人不可能创业成功。

Bēiguān de rén bù kěnéng chuàngyè chénggōng.

只要不**放弃**就会有机会。

Zhǐyào bú fàngqì jiùhuì yǒu jīhuì.

不要等到明天，

Bú yào děngdào míngtiān,

明天太**遥远**，

míngtiān tài yáoyuǎn,

今天就行动。

jīntiān jiù xíngdòng.

본문 해석하기

马云创业语录：
- 人生没有彩排，每一天都是现场直播。
- 悲观的人不可能创业成功。
- 只要不放弃就会有机会。
- 不要等到明天，明天太遥远，今天就行动。

마윈의 창업 어록:
- 인생에는 리허설이 없다. 매일이 생방송이다.
- 비관적인 사람은 창업에 성공할 수 없다.
- 포기하지 않아야 기회가 주어진다.
- 내일까지 기다리지 마라. 내일은 아득히 먼 미래다. 오늘 바로 행동하라.

작문 연습하기

你最喜欢哪句马云的创业语录，为什么？

당신은 마윈의 창업 어록 중 어떤 어구를 가장 좋아하십니까? 그 이유는 무엇입니까?

7주차

商务电话

업무 전화

[4-1]

打电话时机

전화에 적합한 시간

다음 본문을 잘 듣고 다음 질문에 답하세요.

什么时候打商务电话最合适?

다음 중 업무 전화를 하기에 적합한 시간으로 알맞은 것은?

① 越早越好

빠르면 빠를수록 좋다.

② 不要太早也不要太晚

너무 이르거나 늦은 시간은 피하는 것이 좋다.

③ 越晚越好

늦을수록 좋다.

단어 익히기

- 商务(shāngwù)
  (명) 비즈니스, 상무
- 避免(bimiǎn)
  (동) 모면하다, 방지하다
- 尽量(jǐnliàng)
  (부) 가능한 한
- 午休(wǔxiū)
  (동) 점심 휴식을 취하다
- 打扰(dǎrǎo)
  (동) 방해하다, 폐 끼치다
- 交谈(jiāotán)
  (동) 이야기를 나누다

정답 ②

본문 확인하기

打**商务**电话应最好**避免**在上午7点以前或晚上10点以后，

Dǎ shāngwù diànhuà yīng zuìhǎo bìmiǎn zài shàngwǔ qī diǎn yǐqián huò wǎnshang shí diǎn yǐhòu,

也**尽量**不要在晚饭时间打电话。

yě jǐnliàng bú yào zài wǎnfàn shíjiān dǎ diànhuà.

如果对方有**午休**习惯，

Rúguǒ duìfāng yǒu wǔxiū xíguàn,

中午不要**打扰**他。

zhōngwǔ bú yào dǎrǎo tā.

电话**交谈**的时间不要太长，

Diànhuà jiāotán de shíjiān bú yào tàicháng,

一般3-5分钟最佳。

yìbān sān dào wǔ fēnzhōng zuì jiā.

본문 해석하기

打商务电话应最好避免在上午7点以前或晚上10点以后，也尽量不要在晚饭时间打电话。如果对方有午休习惯，中午不要打扰他。电话交谈的时间不要太长，一般3-5分钟最佳。

업무 전화는 오전 7시 전이나 저녁 10시 이후로는 삼가는 것이 좋으며, 가급적 저녁식사 시간도 피해야 합니다. 만약 상대방이 점심 식사 후 브레이크 타임을 갖는 경우, 정오에 전화하여 폐를 끼치지 않는 것이 좋습니다. 전화 시간은 너무 길지 않도록 주의해야 하며, 보통 3-5분이 적당합니다.

작문 연습하기

你一般避免在什么时候给客户打电话？为什么？

고객에게 전화할 때 피하는 시간이 있습니까? 그 이유는 무엇입니까?

[4-2]

通话前准备

전화 전 준비하기

다음 본문을 잘 듣고 다음 질문에 답하세요.

打商务电话前应该注意什么?

다음 중 업무 전화를 하기 전에 주의해야 할 점으로 알맞은 것은?

① 写下要谈的事情

상의할 내용을 적어 둔다.

② 确认自己公司的名称

자신의 회사명을 명확히 한다.

③ 不用特别准备什么

특별히 준비할 것은 없다.

단어 익히기

- 单位(dānwèi)
  (명) 직장, 부서, 단위
- 接话人(jiēhuàrén)
  (명) 수신자
- 保证(bǎozhèng)
  (동) 보증하다
- 事先(shìxiān)
  (명) 사전에, 미리
- 要点(yàodiǎn)
  (명) 요점
- 资料(zīliào)
  (명) 자료

정답 ①

본문 확인하기

打商务电话前，

Dǎ shāngwù diànhuà qián,

要确认对方公司或单位的名称、

yào quèrèn duìfāng gōngsī huò dānwèi de míngchēng、

电话号码以及接话人姓名。

diànhuà hàomǎ yǐjí jiēhuàrén xìngmíng.

为了保证通话顺利，

Wèile bǎozhèng tōnghuà shùnlì,

应事先写出交谈要点，

yīng shìxiān xiěchū jiāotán yàodiǎn,

并准备好纸、笔，

bìng zhǔnbèihǎo zhǐ、bǐ,

以及必要的资料和文件。

yǐjí bìyào de zīliào hé wénjiàn.

본문 해석하기

打商务电话前，要确认对方公司或单位的名称、电话号码以及接话人姓名。为了保证通话顺利，应事先写出交谈要点，并准备好纸、笔以及必要的资料和文件。

업무 전화를 하기 전에는 상대측 회사명이나 부서명, 전화번호 및 수신자 성명을 명확히 해두어야 합니다. 순조로운 전화를 위하여 사전에 통화 내용 요점을 정리하고, 메모지나 필기구는 물론 전화에 필요한 자료나 문건도 미리 챙겨두어야 합니다.

작문 연습하기

你要给客户打电话，请他帮你确认出货情况，请试着写出交谈要点。

당신은 거래처에 전화하여 물품 출고 내역을 요청해야 합니다. 전화하기 전에 전화 시 할 말을 미리 정리해보십시오.

[4-3]

电话用语

전화 응대 용어

다음 본문을 잘 듣고 다음 질문에 답하세요.

有关电话用语, 哪个说明是对的?

다음 중 전화 응대 용어와 관련하여 옳은 설명은?

① 用"谢谢"开头

"감사합니다"로 시작한다.

② 多说"好"字

가능한 한 "네"라는 말을 많이 써야 한다.

③ 以"谢谢"收尾

"감사합니다"로 마무리한다.

단어 익히기

- 开头(kāitóu)
  (동) 시작하다
- 收尾(shōuwěi)
  (동) 마무리하다
- 亲和(qīnhé)
  (형) 상냥하다
- 交谈(jiāotán)
  (동) 이야기를 나누다
- 响(xiǎng)
  (동) 울리다
- 否则(fǒuzé)
  (접) 만약 그렇지 않으면

정답 ③

본문 확인하기

打商务电话要用“您好”**开头**，

Dǎ shāngwù diànhuà yào yòng “nín hǎo ”kāitóu,

多说“请”字，

duō shuō “qǐng ”zì,

以“谢谢”**收尾**。

yǐ “xiè xie ”shōuwěi.

说话态度要**亲和**，

Shuōhuà tàidu yào qīnhé,

声音大小要合适。

shēngyīn dàxiǎo yào héshì.

通话时不能吃东西、

Tōnghuà shí bùnéng chī dōngxi、

喝水或与别人**交谈**。

hēshuǐ huò yǔ biérén jiāotán.

商务电话要在铃**响**三遍以前接听，

Shāngwù diànhuà yào zài líng xiǎng sān biàn yǐqián jiētīng,

否则就要说：“对不起，让您久等了。”

fǒuzé jiùyào shuō ：“duìbuqǐ, ràng nín jiǔ děng le .”

본문 해석하기

打商务电话要用“您好”开头，多说“请”字，以“谢谢”收尾。说话态度要亲和，声音大小要合适。通话时不能吃东西、喝水或与别人交谈。商务电话要在铃响三遍以前接听，否则就要说：“对不起，让您久等了。”

업무 전화 시에는 “안녕하십니까?”로 이야기를 시작하고, 존칭어를 사용해야 하며, “감사합니다”로 마무리해야 합니다. 대화 시 상냥한 태도를 유지하고 목소리의 크기 또한 적당해야 합니다. 전화 시 식음은 삼가야 합니다. 업무 전화는 벨이 3번 울리기 전에 받는 것이 좋으며, 그렇지 못할 경우, “오래 기다리게 하여 죄송합니다.”라고 말해야 합니다.

작문 연습하기

请给你的客户打电话, 告诉他下个星期你要去拜访他。

거래처에 전화하여 다음 주에 당신이 거래처를 방문할 것이라고 알리십시오.

[4-4]

电话礼仪

전화 예의

다음 본문을 잘 듣고 다음 질문에 답하세요.

有关接听商务电话，哪个说明是对的？

다음 중 거래처 전화를 받을 때 취할 행동으로 알맞은 것은?

① 先请对方做自我介绍

상대에게 먼저 자기소개를 하도록 청한다.

② 先做自我介绍

상대보다 먼저 자기소개를 한다.

③ 不用做自我介绍

자기소개는 불필요하다.

단어 익히기

- 询问(xúnwèn)
  (동) 물어보다
- 身份(shēnfèn)
  (명) 신분, 지위
- 遮(zhē)
  (동) 가리다, 덮다
- 转(zhuǎn)
  (동) 전하다
- 是否(shìfǒu)
  (부) ~인지 아닌지
- 留言(liúyán)
  (동) 말을 남기다

정답 ②

본문 확인하기

接听商务电话时，

Jiētīng shāngwù diànhuà shí,

要先做自我介绍，

yào xiān zuò zìwǒ jièshào,

然后礼貌地**询问**对方**身份**。

ránhòu lǐmào de xúnwèn duìfāng shēnfèn.

如果对方找的人在的话，

Rúguǒ duìfāng zhǎo de rén zài de huà,

要跟对方说：“请稍等”，

yào gēn duìfāng shuō：“qǐng shāo děng”,

然后用手**遮**住话筒，

ránhòu yòng shǒu zhēzhù huàtǒng,

将电话**转**给他人接听。

jiāng diànhuà zhuǎngěi tārén jiētīng.

如果对方找的人不在，

Rúguǒ duìfāng zhǎo de rén búzài,

应询问对方**是否**需要**留言**。

yīng xúnwèn duìfāng shìfǒu xūyào liúyán.

본문 해석하기

接听商务电话时，要先做自我介绍，然后礼貌地询问对方身份。如果对方找的人在的话，要跟对方说：“请稍等”，然后用手遮住话筒，将电话转给他人接听。如果对方找的人不在，应询问对方是否需要留言。

업무 전화를 받을 때에는 상대보다 먼저 자기소개를 해야 합니다. 그 후 예의를 갖추어 상대방이 누구인지 여쭈어보아야 하지요. 만약 상대가 찾는 이가 있다면 “잠시만 기다려주십시오.”라는 말을 한 후, 수화기를 손으로 가리고 전화를 넘겨주어야 합니다. 만약 상대가 찾는 이가 부재 시라면 남길 말씀이 있는지 꼭 여쭈어보아야 합니다.

작문 연습하기

你接到客户的电话, 他要找的人不在, 请询问对方是否需要留言并帮他留言。

거래처의 전화를 받고 상대가 찾는 이가 부재하다는 것을 알게 되었습니다. 상대방에게 남길 말씀이 있는지 여쭈어보고 메모를 남기십시오.

8주차

会议

회의

模拟商务汉语

[4-1]

视频会议

화상회의

다음 본문을 잘 듣고 다음 질문에 답하세요.

下面哪个说明是对的？

다음 중 본문 내용과 일치하는 것은?

① 男的是董事长

남성은 회사의 이사장이다.

② 大圆酒店在装修

대원호텔은 수리 중이다.

③ 女的会联系酒店

여성은 호텔에 연락할 것이다.

단어 익히기

- 装修(zhuāngxiū)
  (동) 설치하고 수리하다
- 关键(guānjiàn)
  (명) 관건, 키포인트
- 视频会议系统(shìpín huìyì xìtǒng)
  (명) 화상회의 시스템
- 设备(shèbèi)
  (명) 설비, 시설
- 软件(ruǎnjiàn)
  (명) 소프트웨어
- 设置(shèzhì)
  (동) 설치하다, 설립하다

정답 ②

본문 확인하기

男：董事长，我刚给大圆酒店打电话，

Dǒngshìzhǎng, wǒ gāng gěi Dàyuán jiǔ diàn dǎ diànhuà,

那边的会议室正在**装修**。

nà biān de huìyìshì zhèngzài zhuāngxiū.

女：那再联系一下其他酒店，**关键**要有**视频会议系统**。

Nà zài liánxì yíxià qítā jiǔdiàn, guānjiàn yào yǒu shìpín huìyì xìtǒng.

男：那么香山酒店怎么样？

Nàme Xiāngshān jiǔdiàn zěnmeyàng?

上次我们和美国客户在那儿开国际视频会议，挺顺利的。

Shàngcì wǒmen hé Měiguó kèhù zài nàr kāi guójì shìpín huìyì, tǐng shùnlì de.

女：好，开会前记得去检查**设备**和**软件**，

Hǎo, kāihuì qián jìde qù jiǎnchá shèbèi hé ruǎnjiàn,

看看**设置**有没有问题。

kànkan shèzhì yǒu méi yǒu wèntí.

본문 해석하기

男：董事长，我刚给大圆酒店打电话，那边的会议室正在装修。

이사장님, 제가 방금 대원호텔로 전화했더니, 그쪽 회의실은 수리 중이랍니다.

女：那再联系一下其他酒店，关键要有视频会议系统。

그럼 다른 호텔에 다시 연락해봐요. 관건은 화상회의 시스템의 유무입니다.

男：那么香山酒店怎么样？上次我们和美国客户在那儿开国际视频会议，挺顺利的。

그럼 향산호텔은 어떠세요? 지난번에 미국 거래처가 그 호텔에서 국제화상회의를 순조롭게 마쳤거든요.

女：好，开会前记得去检查设备和软件，看看设置有没有问题。

좋아요. 회의 전에 방문해서 설비나 소프트웨어 등 시설에 문제가 있는지 확인하는 것 잊지 마세요.

작문 연습하기

开国际视频会议以前要做好哪些准备呢？

국제화상회의를 열기 전에 어떤 것을 준비해야 합니까?

[4-2]

议价

가격 협상

다음 본문을 잘 듣고 다음 질문에 답하세요.

下面哪个说明是对的？

다음 중 본문 내용과 일치하는 것은?

① 女的希望降低产品价格

여성은 상품 가격 인하를 원한다.

② 男的希望降低产品价格

남성은 상품 가격 인하를 원한다.

③ 男的觉得产品价格太高了

남성은 상품 가격이 너무 높다고 생각한다.

단어 익히기

☑ 优惠(yōuhuì)
(형) 할인의, 우대의

☑ 成本(chéngběn)
(명) 원가, 자본금

☑ 进入(jìnrù)
(동) 진입하다, 들다

☑ 销售量(xiāoshòuliàng)
(명) 판매량

☑ 考虑(kǎolǜ)
(동) 고려하다, 생각하다

☑ 消息(xiāoxi)
(명) 소식, 기별, 편지

정답 ①

본문 확인하기

女：我们希望产品价格可以再**优惠**一些。

Wǒmen xīwàng chǎnpǐn jiàgé kěyǐ zài yōuhuì yìxiē.

男：这批货物的**成本**很高，

Zhè pī huòwù de chéngběn hěn gāo,

百分之十的折扣已经很多了。

bǎi fēn zhī shí de zhékòu yǐjīng hěn duō le.

女：可是这是你们产品第一次**进入**中国市场，

Kěshì zhè shì nǐmen chǎnpǐn dì yī cì jìnrù Zhōngguó shìchǎng,

价格太高可能会影响**销售量**。

jiàgé tài gāo kěnéng huì yǐngxiǎng xiāoshòuliàng.

男：再给我们几天时间**考虑**一下，

Zài gěi wǒmen jǐ tiān shíjiān kǎolǜ yíxià,

决定以后再给您**消息**。

juédìng yǐhòu zài gěi nín xiāoxi.

본문 해석하기

女：我们希望产品价格可以再优惠一些。

상품 가격을 좀 더 낮추어 주시면 좋겠습니다.

男：这批货物的成本很高，百分之十的折扣已经很多了。

이 물건들은 원가가 워낙 높아서 10% 할인도 이미 많이 해드린 겁니다.

女：可是这是你们产品第一次进入中国市场，价格太高可能会影响销售量。

그렇지만 귀사 상품이 처음으로 중국 시장에 진입한 거라 가격이 너무 비싸면 판매량에 영향을 미칠 것 같습니다.

男：再给我们几天时间考虑一下，决定以后再给您消息。

저희가 고민할 시간을 며칠 더 주시죠. 결정이 되면 다시 연락 드리겠습니다.

작문 연습하기

你希望客户降低产品价格，请试着写出交谈要点。

거래처로부터 상품 가격 인하를 원할 때, 거래처에게 할 말을 써 보십시오.

[4-3]
商务谈判
비즈니스 협상

다음 본문을 잘 듣고 다음 질문에 답하세요.

下面哪个说明是对的？

다음 중 본문 내용과 일치하는 것은?

① 包装费用太高了

포장 비용이 너무 비싸다.

② 成本费用太高了

원가가 너무 비싸다.

③ 运输费用太高了

운송비가 너무 비싸다.

단어 익히기

- 运输(yùnshū)
  (동) 운송하다
- 费用(fèiyong)
  (명) 비용
- 买方(mǎifāng)
  (명) 구매측
- 承担(chéngdān)
  (동) 부담하다, 책임지다
- 建议(jiànyì)
  (명) 건의
- 报价(bàojià)
  (동) 가격을 제시하다

정답 ③

본문 확인하기

女：这批货物的**运输费用**太高了，

Zhè pī huòwù de yùnshū fèiyong tài gāo le,

希望你们能给我们一些折扣。

xīwàng nǐmen néng gěi wǒmen yìxiē zhékòu.

男：很抱歉，可是运输费用一般都是**买方承担**的。

Hěn bàoqiàn, kěshì yùnshū fèiyong yìbān dōushì mǎifāng chéngdān de.

女：如果你们帮我们承担部分运输费用，

Rúguǒ nǐmen bāng wǒmen chéngdān bùfen yùnshū fèiyong,

我们愿意多订购五十台冰箱。

wǒmen yuànyì duō dìnggòu wǔ shí tái bīngxiāng.

男：好吧，我们会考虑您的**建议**，再次**报价**，请等我们的回复。

Hǎo ba, wǒmen huì kǎolǜ nín de jiànyì, zài cì bàojià, qǐng děng wǒmen de huífù.

본문 해석하기

女：这批货物的运输费用太高了，希望你们能给我们一些折扣。

이 제품들은 운송비가 너무 비싸니 저희에게 좀 더 할인해주시면 좋겠습니다.

男：很抱歉，可是运输费用一般都是买方承担的。

정말 죄송하지만, 운송비는 일반적으로 구매 측에서 부담하는 거라서요.

女：如果你们帮我们承担部分运输费用，我们愿意多订购五十台冰箱。

만약 귀사에서 운송비를 부분 부담해주시면, 냉장고를 50대 더 구입하겠습니다.

男：好吧，我们会考虑您的建议，再次报价，请等我们的回复。

좋습니다. 귀사의 제안을 고민해보고 다음 결정을 내리죠. 다시 연락 드리겠습니다.

작문 연습하기

进行商务谈判的时候应该注意些什么？

비즈니스 협상에서 주의할 것은 무엇입니까?

[4-4]

改期通知

일정 변경 안내

다음 본문을 잘 듣고 다음 질문에 답하세요.

下面哪个说明是对的？

다음 중 본문 내용과 일치하는 것은?

① 刘经理希望会议改期

유 사장은 회의 일정 변경을 원한다.

② 明天不开会了

내일은 회의를 개최하지 않을 것이다.

③ 会议地点也会变更

회의 장소도 변경할 것이다.

단어 익히기

- 临时(línshí)
  (부) 때에 이르러
- 通知(tōngzhī)
  (동) 통지하다
- 研发(yánfā)
  (동) 연구 개발하다
- 汇报(huìbào)
  (동) 종합하여 보고하다
- 与会人员(yǔhuì rényuán)
  (명) 성원
- 麻烦(máfan)
  (동) 성가시다, 번거롭다

정답 ②

본문 확인하기

刘经理，

Liú jīnglǐ,

刚才王总**临时通知**，

gāngcái Wáng zǒng línshí tōngzhī,

明天下午他有个重要会议，

míngtiān xiàwǔ tā yǒu ge zhòngyào huìyì,

所以明天下午两点的新项目研**发情**况**汇报**，

suǒyǐ míngtiān xiàwǔ liǎng diǎn de xīn xiàngmù yánfā qíngkuàng huìbào,

改到后天上午九点半，

gǎi dào hòutiān shàngwǔ jiǔ diǎn bàn,

会议地点不变。

huìyì dìdiǎn bú biàn.

我已通知其他**与会人员**，

Wǒ yǐ tōngzhī qítā yǔhuì rényuán,

麻烦您收到后回复我能否参加，

máfan nín shōudào hòu huífù wǒ néngfǒu cānjiā,

谢谢。

xièxie.

본문 해석하기

刘经理，刚才王总临时通知，明天下午他有个重要会议，所以明天下午两点的新项目研发情况汇报，改到后天上午九点半，会议地点不变。我已通知其他与会人员，麻烦您收到后回复我能否参加，谢谢。

유 사장님, 방금 왕 대표님께서 연락 오셔서 내일 중요한 회의 때문에 내일 오후 2시로 예정되어 있던 새 프로젝트 브리핑을 모레 오전 9시 30분으로 변경하셨습니다. 회의 장소는 변경하지 않으셨습니다. 제가 이미 기타 성원들에게는 연락을 취했습니다. 번거로우시더라도 회의 참석 여부를 회신으로 꼭 알려주시기 바랍니다. 감사합니다.

작문 연습하기

请给你的客户发短信，告诉他后天的会议改期了。

거래처에 메시지를 보내어 모레 회의 일정 변경을 알리십시오.

9주차
网络购物
온라인 쇼핑

模拟商务汉语

[4-1]

网购活动

온라인 쇼핑

다음 본문을 잘 듣고 다음 질문에 답하세요.

下面哪个说明是对的？

다음 중 본문 내용과 일치하는 것은?

① 电子商务发展得不太好

전자상거래는 그다지 발달하지 않았다.

② 节日期间常常有活动

기념일 기간에는 늘 관련 행사가 열린다.

③ 商家看到活动就失去理性

상점 측은 기념일 관련 행사를 보면 이성을 잃는다.

단어 익히기

☑ 刺激(cìjī)
(동) 자극하다

☑ 吸引(xīyǐn)
(동) 매혹하다, 유인하다

☑ 失去(shīqù)
(동) 잃다

☑ 理性(lǐxìng)
(명) 이성

☑ 电子商务(diànzǐ shāngwù)
(명) 전자상거래

☑ 创造(chuàngzào)
(동) 만들다, 창조하다

정답 ②

본문 확인하기

很多商家为了**刺激**消费，

Hěnduō shāngjiā wèi le cìjī xiāofèi,

常常在节日期间推出活动**吸引**消费者，

chángcháng zài jiērì qījiān tuīchū huódòng xīyǐn xiāofèizhě,

想让消费者一看到这些活动就**失去理性**，

xiǎng ràng xiāofèizhě yí kàndào zhèxiē huódòng jiù shīqù lǐxìng,

然后花大钱买东西。

ránhòu huā dà qián mǎi dōngxi.

随着**电子商务**的发展，

Suízhe diànzǐ shāngwù de fāzhǎn,

电商们不仅利用传统节日刺激消费，

diànshāng men bùjǐn lìyòng chuántǒng jiērì cìjī xiāofèi,

还开始**创造**新节日。

hái kāishǐ chuàngzào xīn jiērì.

본문 해석하기

很多商家为了刺激消费，常常在节日期间推出活动吸引消费者，想让消费者一看到这些活动就失去理性，然后花大钱买东西。随着电子商务的发展，电商们不仅利用传统节日刺激消费，还开始创造新节日。

많은 상점 측은 소비를 장려하기 위하여 기념일에 관련 행사로 소비자를 현혹합니다. 소비자로 하여금 이성을 잃게 하는 행사로 과소비를 유도하지요. 전자상거래의 발달로 온라인 쇼핑몰 측은 전통적인 기념일은 물론 새로운 기념일을 만들어서까지 소비자를 자극하기도 합니다.

작문 연습하기

你喜欢在网络上买东西吗？在网上买东西有什么好处和坏处？

온라인 쇼핑을 좋아하십니까? 온라인 쇼핑의 장·단점은 무엇입니까?

[4-2]

光棍节

솔로의 날

다음 본문을 잘 듣고 다음 질문에 답하세요.

下面哪个说明是对的?

다음 중 본문 내용과 일치하는 것은?

① 光棍节是11月11日

솔로의 날은 11월 11일이다.

② 光棍节是10月11日

솔로의 날은 10월 11일이다.

③ 光棍节是11月10日

솔로의 날은 11월 10일이다.

단어 익히기

- 命名(mìngmíng)
  (동) 명명하다
- 促销(cùxiāo)
  (동) 판매를 촉진시키다
- 参与(cānyù)
  (동) 참여하다
- 成交额(chéngjiāo`é)
  (명) 거래액
- 打造(dǎzào)
  (동) 제조하다, 만들다
- 极致(jízhì)
  (명) 최고의 경지, 극치

정답 ①

본문 확인하기

淘宝网把11月11日**命名**为“光棍节”，

Táobǎo wǎng bǎ shí yī yuè shí yī rì mìngmíng wéi “Guānggùn jié ”,

并在这一天推出大量的**促销**活动，

bìng zài zhè yì tiān tuīchū dàliàng de cùxiāo huódòng,

很受消费者欢迎。

hěn shòu xiāofèizhě huānyíng.

之后每年的11月11日，

Zhīhòu měinián de shí yī yuè shí yī rì,

消费者都积极**参与**“双11”促销活动，

xiāofèizhě dōu jījí cānyù “shuāng shí yī”cùxiāo huódòng,

商品**成交额**一年比一年高。

shāngpǐn chéngjiāo’é yì nián bǐ yì nián gāo.

“双11”可以说是淘宝网**打造**的网购狂欢节，

“Shuāng 11” kěyǐ shuō shì Táobǎo wǎng dǎzào de wǎnggòu kuánghuānjié,

他们把销售活动做到**极致**。

tāmen bǎ xiāoshòu huódòng zuòdào jízhì.

본문 해석하기

淘宝网把11月11日命名为“光棍节”，并在这一天推出大量的促销活动，很受消费者欢迎。之后每年的11月11日，消费者都积极参与“双11”促销活动，商品成交额一年比一年高。“双11”可以说是淘宝网打造的网购狂欢节，他们把销售活动做到极致。

타오바오왕은 11월 11일을 "솔로의 날"로 명명하고 이날 대대적인 판촉활동을 하여 많은 소비자들에게 환영받았습니다. 이후 매년 11월 11일에는 소비자들이 적극적으로 나서서 '솔로의 날 행사'에 참여하기 때문에 거래금액도 매년 늘어나는 추세입니다. '솔로의 날 행사'는 타오바오왕이 만든 온라인 페스티벌이라고 볼 수 있으며, 소비활동을 극도로 활성화시키고 있습니다.

작문 연습하기

韩国网络购物一般什么时候打折？
这样的促销活动有成效吗？

한국의 온라인쇼핑은 일반적으로 언제 세일을 합니까?
이런 판촉 활동은 효과가 있습니까?

[4-3]

光棍节的变化

솔로의 날의 변화

다음 본문을 잘 듣고 다음 질문에 답하세요.

下面哪个说明是对的？

다음 중 본문 내용과 일치하는 것은?

① “双11” 的销售模式没有变化

‘솔로의 날 행사’의 형태는 변하지 않았다.

② 消费者一直失去理性

소비자들은 줄곧 이성을 잃어 왔다.

③ 商家的活动很吸引消费者

판매 측의 활동은 소비자들을 매혹시킨다.

단어 익히기

☑ 仔细(zǐxì)
(형) 세심하다, 꼼꼼하다

☑ 观察(guānchá)
(동) 관찰하다, 살피다

☑ 顾客(gùkè)
(명) 고객, 손님

☑ 组织(zǔzhī)
(동) 조직하다, 구성하다

☑ 有意思(yǒu yìsi)
(형) 재미있다, 흥미 있다

☑ 宣传(xuānchuán)
(동) 홍보하다

정답 ③

본문 확인하기

仔细观察就会发现，

Zǐxì guānchá jiùhuì fāxiàn,

“双11”的销售模式不断在变化。

“shuāng shí yī” de xiāoshòu móshì búduàn zài biànhuà.

本来的“双11”，

Běnlái de “shuāng shí yī”,

只是用超低价打折销售的方式吸引顾客。

zhǐshì yòng chāo dījià dǎzhé xiāoshòu de fāngshì xīyǐn gùkè.

但是消费者慢慢儿开始变得理性，

Dànshì xiāofèizhě mànmanr kāishǐ biàn de lǐxìng,

不再对低价商品感兴趣。

búzài duì dījià shāngpǐn gǎn xìngqù.

后来，一些商家组织很多有意思的活动，

Hòulái, yìxiē shāngjiā zǔzhī hěnduō yǒu yìsi de huódòng,

这些活动不仅吸引顾客参与，

zhèxiē huódòng bùjǐn xīyǐn gùkè cānyù,

也宣传了品牌。

yě xuānchuán le pǐnpái.

본문 해석하기

仔细观察就会发现，“双11”的销售模式不断在变化。本来的“双11”，只是用超低价打折销售的方式吸引顾客。但是消费者慢慢儿开始变得理性，不再对低价商品感兴趣。后来，一些商家组织很多有意思的活动，这些活动不仅吸引顾客参与，也宣传了品牌。

자세히 살펴보면, '솔로의 날 행사'가 끊임없이 변화하고 있다는 사실을 알 수 있습니다. 원래 '솔로의 날 행사'에서는 저렴한 값으로 고객을 유혹했지만, 소비자가 점차 이성적으로 변하면서 더 이상 저렴하기만 한 상품에는 크게 흥미를 보이지 않았습니다. 이후 몇몇의 판매 측에서는 흥미로운 행사들을 구성하였고, 이런 행사들은 소비자들의 참여를 이끌 뿐만 아니라 브랜드 홍보에도 큰 도움이 되고 있습니다.

작문 연습하기

什么样的销售方式会吸引你消费呢？

어떠한 판매 활동이 당신의 지갑을 열게 합니까?

[4-4]

网购广告

온라인 쇼핑 광고

다음 본문을 잘 듣고 다음 질문에 답하세요.

有关这则广告，哪个说明是对的？

다음 중 본문 내용과 일치하는 것은?

① 这是一个情人节促销广告

이것은 발렌타인데이 관련 광고이다.

② 店家希望大家在光棍节以前买东西

상점 주인은 사람들이 솔로의 날 이전에 물건을 사기 바란다.

③ 这时候买东西比较贵

이 시기에는 물건이 비싼 편이다.

단어 익히기

- 抢(qiǎng)
  (동) 서두르다, 앞다투다
- 挤(jǐ)
  (동) 붐비다
- 熬夜(áoyè)
  (동) 밤새다
- 差价(chājià)
  (명) 가격 차이
- 物流(wùliú)
  (명) 물류, 물품 유통
- 高峰期(gāofēngqī)
  (명) 성수기, 절정기

정답 ②

본문 확인하기

双11提前开**抢**

shuāng shí yī tíqián kāi qiǎng

不用**挤**，不用等，不用**熬夜**抢

búyòng jǐ, búyòng děng, búyòng áoyè qiǎng

本店承诺：

běndiàn chéngnuò：

价格高于双11补**差价**，

jiàgé gāoyú shuāng shí yī bǔ chājià,

避开**物流高峰期**

bìkāi wùliú gāofēngqī

본문 해석하기

双11提前开抢
不用挤，不用等，不用熬夜抢
本店承诺：价格高于双11补差价，避开物流高峰期

미리 즐기는 '솔로의 날 행사'
붐빌 필요가 없습니다. 기다릴 필요도, 밤을 지새울 필요도 없습니다.
본점은 다음을 약속드립니다: '솔로의 날 행사'보다 비쌀 경우 차액을 돌려드립니다. 택배 러시를 피해보세요.

작문 연습하기

你一般在节日前还是节日期间买东西？为什么？

당신은 기념일 전에 물건을 구입합니까? 아니면 기념일에 물건을 구입합니까? 그 이유는 무엇입니까?

10주차

投资理财

투자 및 재무 관리

模拟商务汉语

[4-1]

股票

주식

다음 본문을 잘 듣고 다음 질문에 답하세요.

下面哪个说明是对的？

다음 중 본문 내용과 일치하는 것은?

① 女的上个星期卖掉股票了

여성은 지난 주에 주식을 팔았다.

② 女的还没卖掉股票

여성은 아직 주식을 팔지 않았다.

③ 男的想买股票

남성은 주식을 사고 싶어 한다.

단어 익히기

- 经济(jīngji)
  (명) 경제
- 景气(jǐngqì)
  (형) (경제 상황이) 활발하다, 번성하다
- 股票(gǔpiào)
  (명) 주식, 증권
- 下跌(xiàdiē)
  (동) 하락하다
- 可惜(kěxī)
  (형) 아쉽다, 유감스럽다
- 上涨(shàngzhǎng)
  (동) (수위, 물가) 오르다

정답 ②

본문 확인하기

女：最近**经济**真不**景气**！

Zuìjìn jīngjì zhēn bù jǐngqì!

男：是啊，你买的那支**股票**没问题吗？

Shì a, nǐ mǎi de nà zhī gǔpiào méi wèntí ma?

女：别说了，我昨天想卖的时候就大幅**下跌**了。

Bié shuō le, wǒ zuótiān xiǎng mài de shíhou jiù dàfú xiàdiē le.

男：**可惜**啊，应该趁上个星期**上涨**的时候卖掉才对的。

Kěxī a, yīnggāi chèn shàng ge xīngqī shàngzhǎng de shíhou mài diào cáiduì de.

본문 해석하기

女：最近经济真不景气！
요즘은 경기가 통 좋지 않네요.

男：是啊，你买的那支股票没问题吗？
그러게요. 가지고 있는 주식은 괜찮은가요?

女：别说了，我昨天想卖的时候就大幅下跌了。
말도 마세요. 어제 막 매도하려 할 때 대폭 하락했어요.

男：可惜啊，应该趁上个星期上涨的时候卖掉才对的。
정말 유감이네요. 지난주에 주가가 뛰었을 때 팔았어야 했나 봐요.

작문 연습하기

投资股票应该注意什么要点？
주식 투자 시 주의사항은 무엇입니까?

[4-2]
收购
매수

다음 본문을 잘 듣고 다음 질문에 답하세요.

下面哪个说明是对的？
다음 중 본문 내용과 일치하는 것은?

① 女的想知道男的的意见
여성은 남성에게 의견을 묻고 있다.

② 男的希望收购大元公司
남성은 대원회사를 매수하고 싶어 한다.

③ 女的觉得风险太高了
여성은 리스크가 너무 크다고 생각한다.

단어 익히기

- 收购(shōugòu)
  (동) 매입하다, 매수하다
- 开拓(kāituò)
  (동) 개척하다, 확장하다
- 风险(fēngxiǎn)
  (명) 위험(성), 모험
- 董事会议(dǒngshì huìyì)
  (명) 이사회
- 谨慎(jǐnshèn)
  (형) (언행이) 신중하다
- 评估(pínggū)
  (동) 평가하다

정답 ①

본문 확인하기

女：对于**收购**大元公司的项目，你有什么看法？

Duìyú shōugòu Dàyuán gōngsī de xiàngmù, nǐ yǒu shénme kànfǎ?

男：这个项目在市场**开拓**方面对我们有利，

Zhè ge xiàngmù zài shìchǎng kāituò fāngmiàn duì wǒmen yǒulì,

但还是有一定程度的**风险**。

dàn háishì yǒu yídìng chéngdù de fēngxiǎn.

女：可是项目已经在**董事会议**上通过了。

Kěshì xiàngmù yǐjīng zài dǒngshì huìyì shang tōngguò le.

男：我认为还是需要再**谨慎评估**一下。

Wǒ rènwéi háishì xūyào zài jǐnshèn pínggū yíxià.

본문 해석하기

女：对于收购大元公司的项目，你有什么看法？

대원회사 매수 건에 대해 어떻게 생각하십니까?

男：这个项目在市场开拓方面对我们有利，但还是有一定程度的风险。

시장을 개척한다는 면에서는 도움이 되겠지만, 아직 어느 정도 리스크가 있다고 생각합니다.

女：可是项目已经在董事会议上通过了。

그렇지만 이 사안은 이미 이사회에서 승인을 받았는걸요.

男：我认为还是需要再谨慎评估一下。

그래도 저는 다시 한 번 신중하게 살펴봐야 한다고 생각합니다.

작문 연습하기

你的公司正在讨论一个收购项目，请试着提出一些具体的建议。

회사에서 매수 관련 프로젝트를 진행한다고 가정하고, 구체적인 관련 건의안을 제출해 보세요.

[4-3]

投资

투자

다음 본문을 잘 듣고 다음 질문에 답하세요.

下面哪个说明是对的？

다음 중 본문 내용과 일치하는 것은?

① 男的要买房子

남성은 집을 매수하려 한다.

② 女的想投资股票

여성은 주식 투자를 하고 싶어 한다.

③ 银行的利息不太好

은행 이자가 높지 않다.

단어 익히기

- 利息(lìxī)
  (명) 이자
- 与其(yǔqí)
  (접속사) ~하느니
- 外汇(wàihuì)
  (명) 외화, 외환
- 投资(tóuzī)
  (명) 투자(금)
- 出租(chūzū)
  (동) 임대하다, 빌려주다
- 租金(zūjīn)
  (명) 임대료

정답 ③

본문 확인하기

女：最近银行**利息**怎么这么低。

Zuìjìn yínháng lìxī zěnme zhème dī.

男：**与其**把钱存在银行，不如拿来买股票或**外汇**。

Yǔqí bǎ qián cúnzài yínháng, bùrú nálái mǎi gǔpiào huò wàihuì.

女：我不喜欢风险太大的**投资**。

Wǒ bù xǐhuan fēngxiǎn tài dà de tóuzī.

男：那就买房**出租**赚**租金**吧。

Nàjiù mǎi fáng chūzū zhuàn zūjīn ba.

본문 해석하기

女：最近银行利息怎么这么低。

요즘 은행 이자는 왜 이렇게 낮을까요.

男：与其把钱存在银行，不如拿来买股票或外汇。

은행에 맡기는 것보다는 주식이나 외화를 사는 것이 나아요.

女：我不喜欢风险太大的投资。

저는 리스크가 너무 큰 투자는 기피합니다.

男：那就买房出租赚租金吧。

그럼 집을 임대하고 임대료를 받아보세요.

작문 연습하기

如果你有一笔钱，你想做什么样的投资？

만약 목돈이 생긴다면 어디에 투자를 하고 싶습니까?

[4-4]

理财

재무 관리

다음 본문을 잘 듣고 다음 질문에 답하세요.

下面哪个说明是对的？

다음 중 본문 내용과 일치하는 것은?

① 男的是企业家

남성은 기업가이다.

② 女的不善于理财

여성은 재무 관리에 능하지 않다.

③ 男的正在存钱

남성은 저금하고 있다.

단어 익히기

- 理财(lǐcái)
  (동) 재정을 관리하다
- 积累(jīlěi)
  (동) 쌓이다, 축적되다
- 资金(zījīn)
  (명) 자금, 기금
- 运用(yùnyòng)
  (동) 운용하다, 활용하다
- 控制(kòngzhì)
  (동) 통제하다, 장악하다
- 财富(cáifù)
  (명) 재산, 부, 자산

정답 ②

본문 확인하기

女：说实话我不太会**理财**，但是有机会的话，也很想创业，

Shuō shíhuà wǒ bú tài huì lǐcái, dànshì yǒu jīhuì de huà, yě hěn xiǎng chuàngyè,

所以我正在存钱。

suǒyǐ wǒ zhèngzài cúnqián.

男：其实要**积累**创业**资金**并不难，

Qíshí yào jīlěi chuàngyè zījīn bìng bùnán,

理财的关键在于怎么**运用**并合理分配资金。

lǐcái de guānjiàn zàiyú zěnme yùnyòng bìng hélǐ fēnpèi zījīn.

女：你说的有道理，很多成功的企业家都有一个共同点，

Nǐ shuō de yǒu dàolǐ, hěnduō chénggōng de qǐyèjiā dōu yǒu yí ge gòngtóngdiǎn,

他们对自己的资金都有很强的**控制**能力。

tāmen duì zìjǐ de zījīn dōu yǒu hěn qiáng de kòngzhì nénglì.

男：没错，这就充分说明理财的重要性了。

Méicuò, zhè jiù chōngfèn shuōmíng lǐcái de zhòngyàoxìng le.

他们把理财能力运用在企业经营上，而获得更多的**财富**。

Tāmen bǎ lǐcái nénglì yùnyòng zài qǐyè jīngyíng shang, ér huòdé gèngduō de cáifù.

본문 해석하기

女：说实话我不太会理财，但是有机会的话，也很想创业，所以我正在存钱。

솔직히 저는 재무 관리에 능하지는 않습니다. 그렇지만 기회가 되면 창업을 하려고 지금도 저금하고 있습니다.

男：其实要积累创业资金并不难，理财的关键在于怎么运用并合理分配资金。

사실 창업 자금을 만드는 것은 어렵지 않아요. 재무 관리의 핵심은 자금을 어떻게 운용하고 배분하느냐에 달려 있습니다.

女：你说的有道理，很多成功的企业家都有一个共同点，他们对自己的资金都有很强的控制能力。

맞는 말씀입니다. 성공한 많은 기업가들도 자신의 자금을 잘 장악했다는 공통점이 있는 것처럼 말이지요.

男：没错，这就充分说明理财的重要性了。他们把理财能力运用在企业经营上，而获得更多的财富。

맞습니다. 그것이야말로 재무 관리의 중요성을 단적으로 보여주는 예입니다. 그들은 재무능력을 기업 경영에 잘 활용했고, 그 결과 큰 부를 축적했지요.

작문 연습하기

请说说你怎么理财。

당신은 어떻게 재무 관리를 하고 있습니까?

11주차

商务应酬

비즈니스 접대

模拟商务汉语

[4-1]
邀请函
초청장

다음 본문을 잘 듣고 다음 질문에 답하세요.

下面哪个说明是对的?

다음 중 본문 내용과 일치하는 것은?

① 这是公司合约

이것은 회사 간 계약서이다.

② 这是一封邀请函

이것은 초청장이다.

③ 这是一封介绍公司的邮件

이것은 회사를 소개하는 이메일이다.

단어 익히기

- 蓬勃(péngbó)
  (형) 번영하다, 번창하다
- 发展(fāzhǎn)
  (동) 발전하다
- 包厢(bāoxiāng)
  (명) 독방, 특별 룸
- 诚挚(chéngzhì)
  (형) 성실하고 진지하다
- 邀请(yāoqǐng)
  (동) 초대하다, 초청하다
- 光临(guānglín)
  (동) 왕림하다, 찾아오다

정답 ②

본문 확인하기

尊敬的贵宾客户：

Zūnjìng de guìbīn kèhù：

您好！

Nín hǎo!

感谢您一直以来对我公司的支持，

Gǎnxiè nín yìzhí yǐlái duì wǒ gōngsī de zhīchí,

使公司得以**蓬勃发展**。

shǐ gōngsī déyǐ péngbó fāzhǎn.

我们将于5月30日晚上6点，

Wǒmen jiāng yú wǔ yuè sān shí rì wǎnshang liù diǎn,

在祥龙大酒店三楼**包厢**举办聚餐，

zài Xiánglóng dàjiǔdiàn sān lóu bāoxiāng jǔbàn jùcān,

诚挚邀请您的**光临**。

chéngzhì yāoqǐng nín de guānglín.

齐美有限公司

Qíměi yǒuxiàn gōngsī

본문 해석하기

尊敬的贵宾客户：

您好！感谢您一直以来对我公司的支持，使公司得以蓬勃发展。我们将于5月30日晚上6点，在祥龙大酒店三楼包厢举办聚餐，诚挚邀请您的光临。

齐美有限公司

존경하는 대표님 그리고 귀빈 여러분께:

안녕하십니까! 지금까지 줄곧 저희 회사를 지지해주시고 아껴주신 덕분에, 저희 회사가 오늘과 같은 날을 맞이할 수 있었습니다. 이에 감사한 마음으로 오는 5월 30일 저녁 6시, 더 드래곤호텔 3층 홀에서 만남의 기회를 가지려 합니다. 꼭 참석하셔서 자리를 빛내주시기 바랍니다.

제미 유한공사 드림

작문 연습하기

你的公司刚开业，请写一封邀请函给客户，请他们来参加开业典礼。

회사의 개업식을 위해 거래처에 초대장을 보내십시오.

[4-2]

衣着

옷차림

다음 본문을 잘 듣고 다음 질문에 답하세요.

下面哪个说明是对的？

다음 중 본문 내용과 일치하는 것은?

① 男的想知道女的的意见

남성은 여성의 의견이 궁금하다.

② 明天女的也会去吃饭

여성은 내일 식사를 하러 갈 예정이다.

③ 女的觉得可以不用打领带

여성은 넥타이를 맬 필요가 없다고 생각한다.

단어 익히기

☑ 打(dǎ)
(동) 묶다, 매다

☑ 领带(lǐngdài)
(명) 넥타이

☑ 伙伴(huǒbàn)
(명) 동료, 친구, 동반자

☑ 出席(chūxí)
(동) 출석하다, 참석하다

☑ 场合(chǎnghé)
(명) 특정한 시간 및 장소

☑ 正式(zhèngshì)
(형) 공식의, 정식의

정답 ①

본문 확인하기

男：明天晚上客户请吃饭，你觉得我要不要**打领带**？

Míngtiān wǎnshang kèhù qǐng chīfàn, nǐ juéde wǒ yào bú yào dǎ lǐngdài?

女：在哪儿吃饭？还有其他人参加吗？

Zài nǎr chīfàn? Háiyǒu qítā rén cānjiā ma?

男：祥龙大酒店，客户的其他合作**伙伴**也会**出席**。

Xiánglóng dàjiǔdiàn, kèhù de qítā hézuò huǒbàn yě huì chūxí.

女：那就打领带吧，这种商务**场合**应该穿得**正式**一点儿。

Nà jiù dǎ lǐngdài ba, zhèzhǒng shāngwù chǎnghé yīnggāi chuān de zhèngshì yì diǎnr.

본문 해석하기

男：明天晚上客户请吃饭，你觉得我要不要打领带？

내일 저녁에 거래처와의 회식에 참석해야 하는데, 넥타이를 매는 것이 좋을까요? 아니면 매지 않는 것이 좋을까요?

女：在哪儿吃饭？还有其他人参加吗？

어디에서 식사하시는데요? 다른 사람들도 함께 하나요?

男：祥龙大酒店，客户的其他合作伙伴也会出席。

더드래곤호텔에서 거래처 동료분들도 함께 식사하는 것으로 알고 있어요.

女：那就打领带吧，这种商务场合应该穿得正式一点儿。

그럼 넥타이는 매는 것이 좋겠어요. 그런 비즈니스 모임에서는 격식을 갖추는 게 예의니까요.

작문 연습하기

出席商务场合的时候，什么样的打扮是合适的？

비즈니스 행사에 참석할 때, 어떠한 복식이 적합합니까?

[4-3]

在餐厅

식당에서

다음 본문을 잘 듣고 다음 질문에 답하세요.

下面哪个说明是对的？

다음 중 본문 내용과 일치하는 것은?

① 这家餐厅刚开始营业

이 식당은 개업한지 얼마 되지 않았다.

② 这家餐厅在南京

이 식당은 남경에 위치하고 있다.

③ 这家餐厅看起来很不错

이 식당은 겉보기에 좋다.

단어 익히기

- 布置(bùzhì)
  (명) 배치
- 悠久(yōujiǔ)
  (형) 유구하다
- 难怪(nánguài)
  (부) 어쩐지, 과연
- 不愧(búkuì)
  (부) 손색이 없다
- 入席(rùxí)
  (동) 착석하다
- 上座(shàngzuò)
  (명) 윗자리

정답 ③

본문 확인하기

男：这家餐厅的**布置**既漂亮又有特色。

Zhè jiā cāntīng de bùzhì jì piāoliang yòu yǒu tèsè.

女：是啊，这家餐厅历史**悠久**，而且经常变换菜色。

Shì a, zhè jiā cāntīng lìshǐ yōujiǔ, érqiě jīngcháng biànhuàn càisè.

男：**难怪**大家都喜欢到这儿用餐，真**不愧**是上海第一大酒店。

Nánguài dàjiā dōu xǐhuan dào zhèr yòngcān, zhēn búkuì shì Shànghǎi dì yī dà jiǔdiàn.

女：大家请快**入席**吧！李先生这边请，请坐**上座**。

Dàjiā qǐng kuài rùxí ba! Lǐ xiānsheng zhèbiān qǐng, qǐng zuò shàngzuò.

본문 해석하기

男：这家餐厅的布置既漂亮又有特色。

이 식당은 인테리어가 아름답기도 하고 특색도 있네요.

女：是啊，这家餐厅历史悠久，而且经常变换菜色。

그러게요. 이 식당은 역사도 오래되었을 뿐만 아니라, 메뉴도 지속적으로 바뀐다고 하더군요.

男：难怪大家都喜欢到这儿用餐，真不愧是上海第一大酒店。

과연 다들 이 식당을 좋아하는 이유가 있었네요. 상해 제일의 호텔이라고 해도 손색이 없겠어요.

女：大家请快入席吧！李先生这边请，请坐上座。

모두들 어서 자리에 앉으세요! 이 선생님은 이쪽으로 오셔서 윗자리에 앉으세요.

작문 연습하기

你们刚到餐厅，互相寒暄问候的时候会说些什么？

식당에 도착하여 서로 안부 인사를 나눌 때, 무슨 말을 할 것입니까?

[4-4]

干杯

건배하다

다음 본문을 잘 듣고 다음 질문에 답하세요.

下面哪个说明是对的？

다음 중 본문 내용과 일치하는 것은?

① 客户不喜欢餐厅的菜

거래처 직원은 이 식당의 음식을 좋아하지 않는다.

② 他们吃的都是餐厅的特色菜

그들이 먹은 음식은 모두 이 식당의 인기 메뉴이다.

③ 客户觉得东西不好吃

거래처 직원은 음식이 맛이 없다고 생각한다.

단어 익히기

- 招牌菜(zhāopáicài)
  (명) 대표 메뉴, 인기 메뉴
- 胃口(wèikǒu)
  (명) 입맛, 구미
- 盛情(shèngqíng)
  (명) 두터운 정, 후의
- 款待(kuǎndài)
  (동) 환대하다
- 友谊(yǒuyì)
  (명) 우의, 우정
- 繁荣昌盛(fánróng chāngshèng)
  번영하다, 번창하다

정답 ②

본문 확인하기

女：今天点的都是这家餐厅的**招牌菜**，希望合各位的**胃口**。

Jīntiān diǎn de dōushì zhè jiā cāntīng de zhāopáicài, xīwàng hé gèwèi de wèikǒu.

男：真的很好吃，王经理，感谢您的**盛情款待**，

Zhēnde hěn hǎochī, Wáng jīnglǐ, gǎnxiè nín de shèngqíng kuǎndài,

我代表我公司敬您一杯。

wǒ dàibiǎo wǒ gōngsī jìng nín yì bēi.

女：您太客气了，为我们两家公司的**友谊**干杯。

Nín tài kèqi le, wèi wǒmen liǎngjiā gōngsī de yǒuyì gānbēi.

男：好，也为贵公司的**繁荣昌盛**干杯！

Hǎo, yě wèi guì gōngsī de fánróng chāngshèng gānbēi!

본문 해석하기

女：今天点的都是这家餐厅的招牌菜，希望合各位的胃口。

오늘 주문한 음식은 모두 이 식당의 인기 메뉴입니다. 부디 입맛에 맞으시길 바라요.

男：真的很好吃，王经理，感谢您的盛情款待，我代表我公司敬您一杯。

정말 맛있습니다. 왕 사장님, 이렇게 극진하게 환대해주셔서 감사합니다. 제가 저희 회사를 대표해서 한 잔 올리겠습니다.

女：您太客气了，为我们两家公司的友谊干杯。

아이고, 이런 것을 다. 그럼 우리 두 회사의 우정을 위해 건배합시다.

男：好，也为贵公司的繁荣昌盛干杯！

네, 그리고 귀사의 번창을 위해 건배!

작문 연습하기

请写一段在商务应酬场合的对话。

비즈니스 행사를 배경으로 한 짧은 대화문을 만들어 보십시오.

12주차

商务交易

비즈니스 거래

[4-1]

商务洽谈

비즈니스 협상

다음 본문을 잘 듣고 다음 질문에 답하세요.

下面哪个说明是对的?

다음 중 본문 내용과 일치하는 것은?

① 他们没有时间参观工厂

그들은 공장을 참관할 시간이 없었다.

② 商务洽谈的结果很顺利

비즈니스 협상이 순조로웠다.

③ 男的和经理一起去找客户

남성은 사장과 함께 거래처를 찾았다.

단어 익히기

- 竞争力(jìngzhēnglì)
  (명) 경쟁력
- 分歧(fēnqí)
  (명) 불일치, 다름
- 达成(dáchéng)
  (동) 달성하다, 도달하다
- 协议(xiéyì)
  (명) 협의, 합의
- 参观(cānguān)
  (동) 참관하다, 견학하다
- 圆满成功(yuánmǎn chénggōng)
  원만히 성공하다

정답 ②

본문 확인하기

女：昨天我和经理去佳和公司，

Zuótiān wǒ hé jīnglǐ qù Jiāhé gōngsī,

和他们谈了新产品的生产和销售合作。

hé tāmen tán le xīn chǎnpǐn de shēngchǎn hé xiāoshòu hézuò.

男：还顺利吗？我听说他们的产品在市场上的**竞争力**很强。

Hái shùnlì ma? Wǒ tīngshuō tāmen de chǎnpǐn zài shìchǎng shang de jìngzhēnglì hěn qiáng.

女：虽然在某些想法上有**分歧**，最后还是**达成协议**了。

Suīrán zài mǒuxiē xiǎngfǎ shang yǒu fēnqí, zuìhòu háishì dáchéng xiéyì le.

开完会还一起**参观**了他们的工厂。

Kāi wán huì hái yìqǐ cānguān le tāmen de gōngchǎng.

男：他们的产品比其他同类产品便宜得多，

Tāmen de chǎnpǐn bǐ qítā tónglèi chǎnpǐn piányi de duō,

希望合作能**圆满成功**。

xīwàng hézuò néng yuánmǎn chénggōng.

본문 해석하기

女：昨天我和经理去佳和公司，和他们谈了新产品的生产和销售合作。

어제는 사장님과 함께 JIAHE회사에 가서 신제품 생산 및 판매 부문 협력에 대하여 논의했어요.

男：还顺利吗？我听说他们的产品在市场上的竞争力很强。

순조롭게 진행되었나요? 듣자 하니 그 회사 제품이 시장에서 경쟁력이 굉장히 뛰어나다고 하던걸요.

女：虽然在某些想法上有分歧，最后还是达成协议了。开完会还一起参观了他们的工厂。

물론 일부 생각이 다르긴 했지만, 결국에는 협상을 체결했어요. 회의를 마친 후에는 다 함께 그 회사의 공장을 견학까지 했는걸요.

男：他们的产品比其他同类产品便宜得多，希望合作能圆满成功。

같은 종류의 제품이라 할지라도 그 회사의 제품이 타사의 것보다 훨씬 저렴하니, 협상이 꼭 원만히 타결되기 바랍니다.

작문 연습하기

你代表公司和客户进行初步洽谈，请说说合作过程。

당신은 회사를 대표하여 거래처와 1차 협상을 진행하게 되었습니다. 앞으로의 협상 과정에 대하여 말해봅시다.

[4-2]

签约

서명하기

다음 본문을 잘 듣고 다음 질문에 답하세요.

下面哪个说明是对的？

다음 중 본문 내용과 일치하는 것은?

① 男的希望合同有效期长一点儿

남성은 계약 유효기간이 늘어나기 바란다.

② 女的不想签约

여성은 계약서에 서명하는 것을 원하지 않는다.

③ 女的希望明年不要续签

여성은 내년에 재계약하는 것을 원하지 않는다.

단어 익히기

- 合同(hétong)
  (명) 계약서
- 草案(cǎo'àn)
  (명) 초안
- 有效期(yǒuxiàoqī)
  (명) 유효기간
- 续签(xùqiān)
  (동) 재계약하다, 갱신하다
- 关系(guānxi)
  (명) 관계, 연줄
- 进一步(jìnyíbù)
  (부) 나아가, 진일보하여

정답 ①

본문 확인하기

女：我们把合同草案带过来了，请您看看。

Wǒmen bǎ hétong cǎo'àn dài guò lái le, qǐng nín kànkan.

男：这合同的有效期怎么只到明年？

Zhè hétong de yǒuxiàoqī zěnme zhǐ dào míngnián?

女：如果合作得好的话，可以多续签两年的。

Rúguǒ hézuò de hǎo de huà, kěyǐ duō xùqiān liǎng nián de.

男：好，期待我们的贸易关系有进一步的发展。

Hǎo, qīdài wǒmen de màoyì guānxi yǒu jìnyíbù de fāzhǎn.

본문 해석하기

女：我们把合同草案带过来了，请您看看。

저희가 계약서 초안을 가지고 왔으니, 읽어 보십시오.

男：这合同的有效期怎么只到明年？

이 계약서는 유효기간이 어떻게 내년까지 만이라고 되어 있지요?

女：如果合作得好的话，可以多续签两年的。

계약이 잘 이행될 시, 2년까지는 재계약이 가능합니다.

男：好，期待我们的贸易关系有进一步的发展。

그렇군요. 우리의 무역 관계가 진일보하기를 바라봅니다.

작문 연습하기

现在你要和工作伙伴签合同了，请谈谈这个过程。

비즈니스 파트너와 계약을 하려 합니다. 계약 과정을 간단히 서술해보십시오.

[4-3]

付款方式

결제 방식

다음 본문을 잘 듣고 다음 질문에 답하세요.

下面哪个说明是对的?

다음 중 본문 내용과 일치하는 것은?

① 定金是百分之五

예약금은 총액의 5%이다.

② 这次付款不用先付定金

이번에는 예약금을 낼 필요가 없다.

③ 总额十五万可以用信用证付款

총액이 15만이면 신용장으로 지불할 수 있다.

단어 익히기

- 付款(fùkuǎn)
  (동) 지불하다
- 总额(zǒng'é)
  (명) 총액
- 信用证(xìnyòngzhèng)
  (명) 신용장
- 电汇(diànhuì)
  (명) 전신환
- 定金(dìngjīn)
  (명) 계약금, 예약금
- 货到付款(huòdào fùkuǎn)
  대금교환도, 대금상환불

정답 ③

본문 확인하기

男：你们一般都用什么方式**付款**？

Nǐmen yìbān dōu yòng shénme fāngshì fùkuǎn?

女：货款**总额**超过十万的话，可以用**信用证**付款。

Huòkuǎn zǒng'é chāoguò shí wàn de huà, kěyǐ yòng xìnyòngzhèng fùkuǎn.

订单数额较小的话，一般**电汇**付款。

Dìngdān shù'é jiào xiǎo de huà, yìbān diànhuì fùkuǎn.

男：这次订单数额不大，用电汇付款行吗？

Zhècì dìngdān shù'é bú dà, yòng diànhuì fùkuǎn xíng ma?

女：好，不过要先付百分之十的**定金**，剩下的**货到付款**。

Hǎo, búguò yào xiān fù bǎi fēn zhī shí de dìngjīn, shèngxià de huòdào fùkuǎn.

본문 해석하기

男：你们一般都用什么方式付款？

보통 어떤 방식으로 결제를 하십니까?

女：货款总额超过十万的话，可以用信用证付款。订单数额较小的话，一般电汇付款。

상품 대금의 총액이 10만이 초과할 경우에는 신용장으로 지불합니다. 그리고 수주 액수가 적을 경우에는 보통 전신환으로 지불합니다.

男：这次订单数额不大，用电汇付款行吗？

이번에는 수주 액수가 크지 않으니 전신환으로 하시겠네요?

女：好，不过要先付百分之十的定金，剩下的货到付款。

네, 그렇지만 10%는 예약금으로 먼저 드리고, 나머지는 대금교환도로 드리겠습니다.

작문 연습하기

请和客户谈谈你们的付款方式。

거래처와 함께 당신 회사의 결제방식에 대하여 논해보십시오.

[4-4]

汇款

송금하기

다음 본문을 잘 듣고 다음 질문에 답하세요.

下面哪个说明是对的？

다음 중 본문 내용과 일치하는 것은?

① 男的订了一些样品

남성은 샘플을 조금 주문하였다.

② 男的要帮女的汇款

남성은 여자를 도와 송금하려 한다.

③ 跨行汇款没有手续费

타 은행으로 송금할 시 수수료는 없다.

단어 익히기

- 样品(yàngpǐn)
  (명) 샘플, 견본(품)
- 汇款(huìkuǎn)
  (동) 송금하다
- 收款人(shōukuǎnrén)
  (명) 수취인
- 账号(zhànghào)
  (명) 계좌 번호
- 跨行(kuàháng)
  (동) 타 은행의 업무를 초월하다
- 手续费(shǒuxùfèi)
  (명) 수수료

정답 ②

본문 확인하기

女：我订了一些**样品**，对方要求**汇款**，你可以帮我汇款吗？

Wǒ dìng le yìxiē yàngpǐn, duìfāng yāoqiú huìkuǎn, nǐ kěyǐ bāng wǒ huìkuǎn ma?

男：没问题，只要把**收款人**姓名、银行和**账号**信息给我就行了。

Méi wèntí, zhǐyào bǎ shōukuǎnrén xìngmíng、yínháng hé zhànghào xìnxī gěi wǒ jiù xíng le.

女 ：收款人是杜丽，建设银行，账号和金额写在纸上，你看看。

Shōukuǎnrén shì Dù lì, Jiànshè yínháng, zhànghào hé jīn'é xiě zài zhǐ shang, nǐ kànkan.

男：**跨行**汇款时，会收取**手续费**，没问题吧？

Kuàháng huìkuǎn shí, huì shōuqǔ shǒuxùfèi, méi wèntí ba?

본문 해석하기

女：我订了一些样品，对方要求汇款，你可以帮我汇款吗？

샘플을 조금 주문해서 상대측에 송금을 해줘야 하는데, 네가 나를 좀 도와줄 수 있을까?

男：没问题，只要把收款人姓名、银行和账号信息给我就行了。

아무렴 되고말고, 수취인 성명, 거래 은행과 계좌번호만 나한테 알려줘.

女：收款人是杜丽，建设银行，账号和金额写在纸上，你看看。

수취인은 두리, 건설은행, 계좌번호와 현금은 여기 종이에 쓰여 있어. 한 번 봐봐.

男：跨行汇款时，会收取手续费，没问题吧？

타 은행으로 송금할 때에는 수수료를 물어야 하는데, 괜찮겠어?

작문 연습하기

你要请朋友帮你汇款，请练习这段对话。

당신은 친구에게 송금을 부탁하려 합니다. 이에 맞는 짧은 대화문을 만들어 보십시오.

13주차

中国旅游行业

중국의 관광사업

模拟商务汉语

[4-1]

中国旅游业的现况

중국 관광사업의 현황

다음 본문을 잘 듣고 다음 질문에 답하세요.

下面哪个说明是对的？

다음 중 본문 내용과 일치하는 것은?

① 中国国内旅游的人不多

중국의 국내 여행객은 많지 않다.

② 中国的旅游资源很丰富

중국은 관광자원이 풍부하다.

③ 中国旅游业发展得很慢

중국의 관광사업은 발전이 더디다.

단어 익히기

- 行业(hángyè)
  (명) 직종, 업종, 직업
- 资源(zīyuán)
  (명) 자원
- 丰富(fēngfù)
  (형) 풍부하다, 풍족하다
- 突破(tūpò)
  (동) 돌파하다, 극복하다
- 消费(xiāofèi)
  (동) 소비하다
- 时代(shídài)
  (명) 시대, 시기, 때

정답 ②

본문 확인하기

旅游是中国近年来发展最快的**行业**之一，

Lǚyóu shì Zhōngguó jìnnián lái fāzhǎn zuì kuài de hángyè zhī yī,

中国旅游**资源**十分**丰富**，

Zhōngguó lǚyóu zīyuán shífēn fēngfù,

是世界旅游资源大国之一。

shì shìjiè lǚyóu zīyuán dàguó zhī yī.

前年，

Qiánnián,

中国国内旅游**突破**40亿人次，

Zhōngguó guónèi lǚyóu tūpò sìshí yì réncì,

旅游收入超过4万亿元人民币。

lǚyóu shōurù chāoguò sì wàn yì yuán rénmínbì.

随着旅游**消费**经常化的出现，

Suízhe lǚyóu xiāofèi jīngchánghuà de chūxiàn,

中国已进入大众旅游**时代**。

Zhōngguó yǐ jìnrù dàzhòng lǚyóu shídài.

본문 해석하기

旅游是中国近年来发展最快的行业之一，中国旅游资源十分丰富，是世界旅游资源大国之一。前年，中国国内旅游突破40亿人次，旅游收入超过4万亿元人民币。随着旅游消费经常化的出现，中国已进入大众旅游时代。

최근 몇 년간 중국에서 여행 사업은 발전이 가장 빠른 업종 중 하나가 되었습니다. 중국은 관광자원이 매우 풍부하여 전 세계에서도 관광대국에 속하지요. 중국 국내 여행객은 연 40억 명을 돌파하였고, 관광수입은 인민폐 4만억 원을 초과하였습니다. 관광 소비가 일상화됨에 따라, 중국은 이미 여행 대중화 시대를 맞이하게 된 것이지요.

작문 연습하기

你去过中国旅游吗？谈谈你的旅游经验。

중국 여행을 가본 적이 있습니까? 여행 경험에 대하여 이야기해봅시다.

[4-2]

中国旅游业的发展

중국 관광사업의 발전

다음 본문을 잘 듣고 다음 질문에 답하세요.

下面哪个说明是对的？

다음 중 본문 내용과 일치하는 것은?

① 旅行社会推出休闲度假旅游产品
여행사는 휴양 여행 상품을 출시한다.

② 中国国内旅游的品质还是不太好
중국 국내 여행의 수준은 아직까지도 그리 높지 않다.

③ 中国国内旅游市场没有潜力
중국의 국내 여행 시장은 잠재력이 없다.

단어 익히기

- 依赖(yīlài)
  (동) 의지하다, 기대다
- 规模(guīmó)
  (명) 규모, 범위, 영역
- 深度(shēndù)
  (명) 깊이, 정도
- 潜力(qiánlì)
  (명) 잠재력
- 高端(gāoduān)
  (형) 고급의, 고가의
- 休闲(xiūxián)
  (동) 한가롭게 보내다

정답 ①

본문 확인하기

目前国内旅游业的发展，

Mùqián guónèi lǚyóuyè de fāzhǎn,

已经不再只是**依赖规模**，

yǐjīng búzài zhǐshì yīlài guīmó,

而是通过提升旅游产品的品质，

érshì tōngguò tíshēng lǚyóu chǎnpǐn de pǐnzhì,

来增加旅游**深度**。

lái zēngjiā lǚyóu shēndù.

各大旅行社已经注意到国内市场的**潜力**，

Gè dà lǚxíngshè yǐjīng zhùyì dào guónèi shìchǎng de qiánlì,

并开始针对国内旅游市场，

bìng kāishǐ zhēnduì guónèi lǚyóu shìchǎng,

打造**高端**的**休闲**度假旅游产品。

dǎzào gāoduān de xiūxián dùjià lǚyóu chǎnpǐn.

본문 해석하기

目前国内旅游业的发展，已经不再只是依赖规模，而是通过提升旅游产品的品质，来增加旅游深度。各大旅行社已经注意到国内市场的潜力，并开始针对国内旅游市场，打造高端的休闲度假旅游产品。

현재 국내 관광사업의 발전은 이미 단순히 외적인 규모에 의지하는 것이 아니라 여행상품의 내적인 수준을 업그레이드하여, 여행의 깊이를 더하고 있습니다. 각각의 대규모 여행사는 이미 국내 시장의 잠재력에 주목하여, 이를 타깃으로 최고급 휴양 여행상품을 내어 놓고 있습니다.

작문 연습하기

请谈谈团体旅游和自助游各有什么优缺点。

단체여행과 자유여행의 각각의 장·단점에 대하여 논하십시오.

[4-3]

深度游

심도여행

다음 본문을 잘 듣고 다음 질문에 답하세요.

有关深度游，下面哪个说明是对的？

다음 중 심도여행에 관한 설명으로 옳은 것은?

① 旅游过程比目的重要

여행의 과정은 목적보다 더 중요하다.

② 旅游目的比过程重要

여행의 목적은 과정보다 더 중요하다.

③ 旅游过程和目的都很重要

여행 과정과 목적은 모두 중요하다.

단어 익히기

- 精力(jīnglì)
  (명) 정신과 체력, 정력
- 庙(miào)
  (명) 사찰, 절, 사원
- 镜头(jìngtóu)
  (명) 렌즈, 화면
- 杜绝(dùjué)
  (동) 두절하다, 없애다
- 匆匆(cōngcōng)
  (형) 총총 (매우 급한 모양)
- 程序(chéngxù)
  (명) 순서, 절차, 단계

정답 ③

본문 확인하기

男：你听过“深度游”这个词吗？

Nǐ tīngguò “shēndùyóu” zhège cí ma?

女：当然听过，就是用足够的时间和**精力**，深入观察目的地，

Dāngrán tīngguò, jiùshì yòng zúgòu de shíjiān hé jīnglì, shēnrù guānchá mùdìdì,

旅游过程和目的一样重要。

lǚyóu guòchéng hé mùdì yíyàng zhòngyào.

男：还有这种啊？我们以前都是“上车睡觉，下车看**庙**，

Háiyǒu zhèzhǒng a? Wǒmen yǐqián dōushì “shàngchē shuìjiào, xiàchē kàn miào,

对着**镜头**笑一笑”的。

duìzhe jìngtóu xiào yī xiào” de.

女：所以才要**杜绝**那种“**匆匆**到此一游，

Suǒyǐ cáiyào dùjué nàzhǒng “cōngcōng dào cǐ yì yóu,

大量进店购物”的一般旅游**程序**啊。

dàliàng jìndiàn gòuwù” de yìbān lǚyóu chéngxù a.

본문 해석하기

男：你听过“深度游”这个词吗？

심도여행'이라는 말을 들어봤어요?

女：当然听过，就是用足够的时间和精力，深入观察目的地, 旅游过程和目的一样重要。

그럼요. 충분한 시간과 힘을 들여서 목적지를 깊이 있게 살펴보는 여행이잖아요. 여행 과정은 목적과 마찬가지로 정말 중요하니까요.

男：还有这种啊？我们以前都是“上车睡觉，下车看庙，对着镜头笑一笑”的。

그런 여행도 있었군요? 우리는 예전에 '차에서 자다가 내리면 사원 구경 좀 하고, 카메라 렌즈를 향해서 미소 짓는' 그런 여행만 갔었거든요.

女：所以才要杜绝那种“匆匆到此一游，大量进店购物”的一般旅游程序啊。

그러니까 그렇게 '총총 망망 바쁘게 구경만 하다가, 결국 다 같이 우르르 쇼핑하고 끝나는'식의 여행은 없어져야 한다니까요.

작문 연습하기

请说说你对深度游的看法。

심도여행에 대하여 어떻게 생각하는지 이야기해봅시다.

[4-4]

深度游对旅游业的影响

심도여행이 관광사업에 미치는 영향

다음 본문을 잘 듣고 다음 질문에 답하세요.

有关深度游，下面哪个说明是对的？

다음 중 심도여행에 관한 설명으로 옳은 것은?

① 以团体旅游的形式为主
단체여행이 주를 이룬다.

② 以自助游的形式为主
자유여행이 주를 이룬다.

③ 以旅行社推出的产品为主
여행사가 내놓은 상품이 주를 이룬다.

단어 익히기

- 限制(xiànzhì)
(명) 제한하다, 한정하다
- 差距(chājù)
(명) 격차, 차이
- 自助游(zìzhùyóu)
(명) 자유여행
- 涨价(zhǎngjià)
(동) 가격을 인상하다
- 流失(liúshī)
(동) 유실되다, 유출되다
- 自费(zìfèi)
(명) 자비

정답 ②

본문 확인하기

有越来越多旅行社推出深度旅游的行程，

Yǒu yuè lái yuè duō lǚxíngshè tuīchū shēndù lǚyóu de xíngchéng,

但因为价格方面等因素的**限制**，

dàn yīnwèi jiàgé fāngmiàn děng yīnsù de xiànzhì,

和深度游还是有**差距**,

hé shēndùyóu háishì yǒu chājù,

因此目前深度游还是以**自助游**的形式为主。

yīncǐ mùqián shēndùyóu háishì yǐ zìzhùyóu de xíngshì wéizhǔ.

为了防止**涨价流失**旅客，

Wèile fángzhǐ zhǎngjià liúshī lǚkè,

旅行社可能会保持优惠报价，

lǚxíngshè kěnéng huì bǎochí yōuhuì bàojià,

并调整团体旅游的内容。

bìng tiáozhěng tuántǐ lǚyóu de nèiróng.

例如，在行程中加入**自费**旅游景点，

Lìrú, zài xíngchéng zhōng jiārù zìfèi lǚyóu jǐngdiǎn,

或将部分门票改为自费项目。

huò jiāng bùfen ménpiào gǎiwéi zìfèi xiàngmù.

본문 해석하기

有越来越多旅行社推出深度旅游的行程，但因为价格方面等因素的限制，和深度游还是有差距，因此目前深度游还是以自助游的形式为主。为了防止涨价流失旅客，旅行社可能会保持优惠报价，并调整团体旅游的内容。例如，在行程中加入自费旅游景点，或将部分门票改为自费项目。

나날이 많은 여행사가 심도여행 관련 상품을 내놓고 있는 실정이지만, 가격 방면의 한계로 인하여 아직도 진정한 심도여행과는 거리가 있는 여행 상품들을 내놓고 있습니다. 그렇기 때문에 현재의 심도여행은 자유여행의 형태에서 그치는 경우가 많습니다. 또한 가격인상으로 인한 고객 유실을 방지하기 위하여, 여행사는 저렴한 가격은 그대로 유지하되 단체여행에서 내용만 약간 바꾸는 식의 여행 상품을 내놓고 있지요. 예를 들어 기존 여정에 자비 관람 항목을 추가하거나, 부분 입장권을 자비로 부담하는 식의 여행 상품을 내놓는 것입니다.

작문 연습하기

请谈谈你对报价优惠，但自费项目多的旅游产品的看法。

'저렴한 가격, 그러나 자비 지출 항목이 많은 여행상품'에 대하여 어떻게 생각하는지 말해봅시다.

부록

작문 연습하기 답안

模拟商务汉语

[부록]

작문 연습하기 답안

1주차

4-1

金部长您好，我是新来的员工叫000，因为我第一天上班，很多业务还不熟悉，如果我有失误的地方，请多多指教。

4-2

大家好，我是新来职员叫000。我今年27岁，听说办公室里我是最小的。
所以如果大家需要帮忙的话，可以随时来找我。我也会努力做好我的工作，跟各位前辈好好学习的。

4-3

这个牌子的化妆品（补水霜）不仅质量好，而且价格实惠。

4-4

如果我是通信公司的职员，那么我会这样介绍我们公司。我们公司为客户提供又安全又稳定的通话质量。

2주차

4-1

学习业务的能力很强，对工作认真负责，会见机行事的人。

4-2

<table>
<tr><td colspan="7">个 人 简 历</td></tr>
<tr><td>姓　　名</td><td>000</td><td>性　　别</td><td>女</td><td>出生日期</td><td>1990. 3. 13</td><td rowspan="4"></td></tr>
<tr><td>婚姻状况</td><td>未婚</td><td>最高学历</td><td>硕士</td><td>毕业院校</td><td>韩国外国语大学</td></tr>
<tr><td>手　　机</td><td colspan="2">010-1234-5678</td><td>电子邮箱</td><td colspan="2">ABC@CUFS. COM</td></tr>
<tr><td>地址</td><td colspan="5">首尔市东大门区里门洞107号</td></tr>
<tr><td>求职意向</td><td colspan="6">人事部门职员 （人事部职员）</td></tr>
<tr><td colspan="7">教育/培训经历</td></tr>
<tr><td colspan="2">时间</td><td colspan="2">学校/培训地</td><td>专业/课程</td><td colspan="2">学历/证书</td></tr>
<tr><td colspan="2">2019年3月-2019年8月</td><td colspan="2">CYBER韩国外国语大学</td><td>儿童汉语教育</td><td colspan="2">儿童汉语教育资格证</td></tr>
<tr><td colspan="7">工作经验</td></tr>
<tr><td colspan="2">时间</td><td colspan="3">公司名称</td><td colspan="2">职位及简单描述</td></tr>
<tr><td colspan="2">2018年9月-2019年1月</td><td colspan="3">中国银行</td><td colspan="2">销售部门职员</td></tr>
<tr><td colspan="2" rowspan="2">技能专长</td><td colspan="2">专长</td><td colspan="3">写作</td></tr>
<tr><td colspan="2">爱好</td><td colspan="3">做菜，看电影</td></tr>
<tr><td colspan="2">自我评价</td><td colspan="5">我的性格开朗，善于和别人沟通。我是一个很细心的人，工作的时候非常认真仔细。</td></tr>
</table>

4-3

您好，我们已经收到了您的简历，我们于12月6日上午9点在首尔大学图书馆2楼203室面试，希望您准时参加，谢谢。

4-4

您好，您的简历已经通过了我们公司的初试。我们公司将于 12月12号上午10点 在公司办公楼6层举行第二次面试。请您带身份证和简历，希望您准时参加，谢谢。

3주차

4-1

金部长您好，00公司刚才联系我们，说他们到现在为止还没有收到我们的货物。真对不起，我没有及时和负责运输（发货出货的单位）的人联系好。

4-2

真对不起，由于我们的疏忽，给贵公司造成了损失，我们将会承担所有的损失。

4-3

总经理您好，我是000。因为12月12日上午有健康检查，所以我不得不请假去医院。我下午一点之前就能回公司上班。希望您能准假。

4-4

时间	地点	内容	参加人员
7月5日 9:00~10:00	首尔公园	踢毽子	全体员工
7月5日 10:00~10:30	首尔公园	拔河比赛	销售部员工
7月5日 10:30~11:00	首尔公园	两人三足	出口部员工（00部）
7月5日 11:00~12:00	首尔公园	羽毛球比赛	全体员工
7月5日 13:00~14:00	首尔公园	跳绳	全体员工

4주차

4-1

李部长，欢迎您来首尔，我是00公司的张经理，很荣幸能见到您。
您坐这么长时间的飞机很辛苦吧，我现在就送您去酒店休息。

4-2

您好，您在韩国出差的这段时间，由我来负责接待您，这是我的名片。
如果需要帮助的话请随时给我打电话。

4-3

六月四日		
上午	10:00	参观00公司
	12:00	工作午餐
下午	2:00	与销售部部长会谈
	6:30	和客户一起吃晚餐
	10:40	出差日程结束

4-4

真对不起，由于天气的关系，航班延迟了，我不能准时参加会议。
为了保证会议能顺利进行，可以请你代替我发言吗？谢谢。

5주차

4-1

上午 9:00　开幕式

上午 10:00 新车展示及介绍

上午 11:00 文艺表演

下午 2:00　所有订户都能参加抽奖活动

下午 5:00　展示会结束

4-2

我们公司的新型空调，不仅有节能环保、快速制冷的功能，而且也有净化空气的功能。

4-3

我们针对人们买车参考的因素进行了调查，调查结果是看重价格的人占9%，看重品牌的人占28%，看重性能的人占10%，看重外观的人占25%，看重耗油量的人占14%，看重发动机排量的占10%，其他因素占4%。相较于价格和性能，消费者在买车时最看重外观和品牌，这说明未来车商想发展得好，得好好儿打造品牌形象。

4-4

你买到有问题的产品，请简单叙述产品问题和你的要求。

我昨天在这里00商场买了一部手机，但是回家后发现手机总是自动关机，请帮我换一部新手机。

6주차

4-1

我一般把旧手机卖掉，或者给需要的朋友。

4-2

我曾经想过创业。如果创业的话，
我想经营一家让人感觉很温馨的花店。

4-3

我的梦想是经营一家花店，向客人介绍各种各样的花，一起分享花给人带来的幸福感。

4-4

我最喜欢马云的“想成功就要疯狂一点”这句话。因为这句话带给人勇气，让不敢创业的人去挑战自我，有的时候疯狂一点儿才有成功的可能性。

7주차

4-1

我尽量避免在午休时间给客户打电话，因为怕打扰客户休息。

4-2

请您帮我确认一下我们上个星期的货物是否准时发货了，另外我也想了解这次出货的运输方式，谢谢。

4-3

您好！我是大韩公司的000。我希望下星期三能去贵公司参观贸易部，不知道贵公司时间方便不方便?

留言内容

小李：

下午三点金部长给你留言。

后天有贸易会议，金部长请你准备会议资料。

-张玲嘉-

4-4

对不起，000现在不在办公室。请问需要留言吗？我会转告他的。

8주차

4-1

开会以前要好好儿检查所有相关的软件系统和硬件设备，以及网络信号速度等。

4-2

虽然贵公司产品质量很好，但价格太贵了，超出我们的预算，请您再考虑一下是否能降低产品价格。

4-3

基于平等原则，既要考量我方的经济利益也要满足对方的需要，通过协商制定合理的交易，尽量让双方都满意。

4-4

您好，由于我们公司临时举行股东会议，原定今天下午的会议将改为明天上午十点进行。给您带来不便，我们深感抱歉。

9주차

4-1

我喜欢网络购物，因为网络购物不仅方便，而且价格比较便宜。但缺点是，有的时候可能会买到与介绍不符的商品。

4-2

一般在节假日前或节假日的时候打折，这时候促销有成效，因为此时人们有送礼的需求，消费能力比较强。

4-3

打折或者买一送一的销售方式会吸引我消费。

4-4

我一般在节日前赶紧去买东西，因为节日的时候可能东西的价格比较贵，或者经常缺货。

10주차

4-1

不要凭感觉或者随便听信别人的话就投资股票，一定要自己搜集材料理性地分析后再买股票。

4-2

随着国际贸易的发展，海运需求也跟着增长，我们可以考虑收购海运公司和几艘船舶。

4-3

如果我有一笔钱，那么我想投资房地产。因为最近房地产市场情况不错，可能有获利的机会。

4-4

我理财的方式是：第一、买保险，第二、投资房地产，第三、存钱。

11주차

4-1

您好！大韩公司将于3月13号上午正式营业，我们真诚地邀请你来参加开业典礼。开业仪式将于中午12点举行，欢迎您的到来。谢谢。

4-2

穿正装比较适合商务场合。比如说，西装。

4-3

您好！很荣幸能和您一起用餐。这家餐厅我来过，味道还不错，今天我请客，大家随便点吧。

4-4

A: 金部长，不知道这家饭馆的菜合不合您的口味？

B: 味道挺好的，感谢您带我到这儿吃饭。

A: 这次我们的合作很顺利，为我们的合作干一杯吧。

B: 好啊，合作愉快，干杯！

12주차

4-1

先介绍公司新产品的内容，然后询问对方对于新产品的意见，最后洽谈合同内容。

4-2

先把合同的内容重新审查一次，看看是否有错误及漏洞，然后双方约定签合同的时间，最后双方共同签订合同。

4-3

我们的付款方式有两种：一种是网上转账，另一种是信用证付款。您可以选择您方便的方式付款。

4-4

对不起，我现在临时有事情不方便去银行，你能不能帮我把钱汇款到大韩公司？ 汇款账户我用短信发给你。谢谢，麻烦了。

13주차

4-1

我去过中国泰山。泰山非常高，从山底爬到山顶需要很长的时间，而且很累。但是当我爬到山顶以后看到美丽的风景，真的觉得是一件非常有意义的事情，同时也感觉到人和自然相比真的是非常渺小。

4-2

团体旅游的优点是游客们不用担心住宿和交通的问题，全程都由旅行社安排，缺点是团体旅游不能按照个人的想法游玩儿。自助游的优点是可以按照个人的想法去旅行，缺点是要担心食宿，交通等问题，有时候可能会花更多时间。

4-3

我觉得深度游能更好的体会当地的风土人情。如果有充足的时间，我强烈推荐深度游。

4-4

虽然报价优惠，但是自费项目反而很多，这对于游客来说是非常不合理的，时间也不能很好的安排，希望旅行社能够推出更好的旅游产品。

저자소개

장린자(張玲嘉)

국립대만사범대학교 중국어교육학과 석사, 서울대학교 중어중문학과 박사과정을 밟았다.

미국 해밀턴 대학교 동아시아학과 중국어 강사, 일본 와세다대학교 단기언어문화교육단 중국어 강사와 북경, 성도 ACC 프로그램 중국어 강사로 활동했으며, 현재 사이버한국외국어대학교 중국어학부 교수이다.

台灣教育部對外華語教學能力認證考試 합격한 이력이 있으며, 저서로는 『Authentic 생생중국어』, 『호텔리어 중국어』 가 있다.

시뮬레이션
비즈니스
중국어

초판 인쇄	2019년 11월 7일
초판 발행	2019년 11월 14일
지은이	장린자
발행인	김인철
총괄 · 기획	가정준 Director, University Knowledge Press
편집장	신선호 Executive Knowledge Contents Creator
기획 · 물류	이현진 Planning Expert
사전 · 도서편집	정준희 Contents Creator
전자책 · 도서편집	장혜린 Contents Creator
도서편집	이병철 Contents Creator
	이근영 Contents Creator
재무관리	하누리 Managing Creator
발행처	한국외국어대학교 지식출판콘텐츠원
	02450 서울특별시 동대문구 이문로 107
	전화 02)2173-2493~7
	팩스 02)2173-3363
	홈페이지 http://press.hufs.ac.kr
	전자우편 press@hufs.ac.kr
	출판등록 제6-6호(1969. 4. 30)
디자인 · 편집	(주)이환디앤비 02)2254-4301
인쇄 · 제본	네오프린텍(주) 02)718-3111

ISBN 979-11-5901-614-1 13720 정가 24,000원

*잘못된 책은 교환하여 드립니다.

불법복사는 지적재산을 훔치는 범죄행위입니다.
저작권법 제136조(권리의 침해죄)에 따라 위반자는 5년 이하의 징역 또는 5천만 원 이하의 벌금에 처하거나 이를 병과할 수 있습니다.

HUINE은 한국외국어대학교 지식출판콘텐츠원의 어학도서, 사회과학도서, 지역학 도서 Sub Brand이다. 한국외대의 영문명인 HUFS, 현명한 국제전문가 양성(International +Intelligent)의 의미를 담고 있으며, 휴인(携引)의 뜻인 '이끌다, 끌고 나가다'라는 의미처럼 출판계를 이끄는 리더로서, 혁신의 이미지를 담고 있다.

이 책의 음원(mp3)은 한국외국어대학교 지식출판콘텐츠원 홈페이지 (press.hufs.ac.kr) – 게시판 – 자료실에서 다운받아 사용하시기 바랍니다.

模拟商务汉语

시뮬레이션 비즈니스 중국어